発達障害者の
雇用支援ノート

梅永雄二 著
Umenaga Yuji

金剛出版

はじめに

　発達障害のある人たちは，目に見えてわかる障害ではないためさまざまな誤解を受けています。そのため，子どものときは虐待やいじめの対象となり，その結果不登校やひきこもりを生じ，場合によっては非行に走ることもあります。

　そして大人になった段階でも仕事をしない，学校に行かない，職業訓練も受けない，いわゆるニートと言われる人たちに発達障害の人たちが多いとの報告もされています。たとえ就職したとしてもアルバイトやパート，派遣等のフリーターといわれる状況となり，いつまでも正規雇用に至らない人たちも多いのです。たとえ正規就労をしたとしても，仕事と能力にずれがあり，職場の人間関係やコミュニケーションがうまくとれずに，離職してしまう人たちも数多くいます。

　それらの原因は，発達障害の人たちの能力にはばらつきがあり，彼らに合った仕事に従事しておらず，また発達障害という障害がとてもわかりづらいため，一緒に働く同僚や上司が理解できずに，職場内で不協和音が生じてしまうからだと考えられます。

　それではどのようにすれば発達障害の人たちが仕事を継続し，社会参加を果たすことができるのでしょうか。

　本書では，そのような発達障害の人たちが抱える問題をひとつひとつ解決し，見事に彼らの能力を引き出し，彼らの適性に合った仕事に従事させ，意欲的に働けるように支援した素晴らしい会社をご紹介します。

　前著「発達障害の人の就労支援ハンドブック」では，発達障害者の就労支援を行ったさまざまな支援機関による支援内容を紹介しましたが，本書は雇用した企業側からの視点でまとめました。前著と合わせてお読みいただくことにより，発達障害の人の就労支援のあり方をより皆様にご理解していただけるものと思います。

目　次

はじめに ……………………………………………………………………………………… 3

第Ⅰ部　就労支援に取り組む前に ……………………………………………… 9

第Ⅱ部　就労の実際 ………………………………………………………………… 15

第1章　特例子会社
1. 大東コーポレートサービス株式会社 …………………………………… 16
2. トーマツチャレンジド株式会社 ………………………………………… 24
3. 富士ソフト企画株式会社 ………………………………………………… 29
4. 株式会社アイエスエフネットハーモニー ……………………………… 34

第2章　一般企業
5. 株式会社良品計画 ………………………………………………………… 39
6. アクサ生命保険株式会社 ………………………………………………… 45

第3章　ユニークな会社
7. 株式会社 Kaien ……………………………………………………………… 49
8. Specialisterne ……………………………………………………………… 52

企業をめぐってみて ……………………………………………………………… 57

第Ⅲ部　雇用のポイント …………………………………………………………… 61

第4章　各企業における発達障害者雇用の工夫 …………………………… 62
富士ソフト企画株式会社 ………………………………………………… 63
大東コーポレートサービス株式会社 …………………………………… 68
トーマツチャレンジド株式会社 ………………………………………… 72
株式会社良品計画 ………………………………………………………… 75

第5章　支援の具体例 ……………………………………………………… 78

第Ⅳ部　付　録 ……………………………………………………………………… 89
用語解説 …………………………………………………………………… 90
発達障害の偉人たち ……………………………………………………… 94
発達障害者に対する就労支援サービス ………………………………… 98
支援機関一覧 ……………………………………………………………… 104
障害者雇用職場改善好事例の応募事業所一覧 ………………………… 130

おわりに …………………………………………………………………………… 132

発達障害者の雇用支援ノート

第Ⅰ部
就労支援に取り組む前に

就労支援に取り組む前に

I　発達障害とは

　発達障害者支援法における発達障害者とは，「LD（学習障害），ADHD（注意欠陥多動性障害），自閉症およびアスペルガー症候群等の広汎性発達障害（PDD）」と示されています。

　LDとはLearning Disabilitiesの略語で，日本語では学習障害と訳されているように，知的には問題ないですが文章や文字を読むこと，書くこと，あるいは計算することの一部，あるいは双方に困難性を生じている場合に用いられています。具体的には高学年になっても文字がずれて見えたり，鏡文字を書いてしまったり，繰り上がりの計算ができないといった状況を示します。学習の基本となる国語と算数ができないため，関連する理科や社会などにも影響を及ぼす場合があります。2002年の文科省の調査では，全国の小・中学校に約6.3％の発達障害児童・生徒がいる中で，このLD児が4.5％と，もっとも大きな数値を示しています。

　ADHDとは，Attention Deficit Hyperactivity Disorderの略語で日本語では注意欠陥多動性障害と訳されています。大きな特徴は集中力がなく常に注意が散漫になってしまうこと，多動で教室内をうろつきまわる，そして衝動的な行動をしてしまうといった点もあります。分類は，不注意型ADHD，多動・衝動型ADHD，これらが合わさった混合型ADHDとする人もいます。この中で仕事で問題となるのは，「注意散漫」で，そのために仕事に集中できない場合が多いようです。

　広汎性発達障害とは英語でPervasive Developmental Disorderとなるため，その頭文字をとってPDDと示されることもあり，自閉症やアスペルガー症

候群を包含した総称です。しかしながら、これらは同じ障害であるため近年ASD（Autistic Spectrum Disorder），すなわち自閉症スペクトラム障害と示されることが増えてきました。このASDの特徴は社会性、コミュニケーション、そして想像力の障害だと言われています。そのため、仕事そのものよりも職場の人間関係でトラブルが生じることがあると言われています。

Ⅱ 発達障害者の就労上の課題

　発達障害といっても，先に述べたようにLD，ADHD，自閉症スペクトラムの特徴によって就労上の課題は異なります。LDの人でディスレクシア（読字障害）がある場合は文書が読めないために重要な連絡事項が理解できず無視してしまうことがあります。書くことが不得手な場合は，メモを取ることができない，報告書をまとめることができないなどの問題が生じます。そして数字や計算が苦手な場合は，測量ができない，単位が理解できないために誤った数字データを記入してしまうことがあります。

　ADHDの人は注意力が散漫なため，指示されたことが頭に入らずミスをしがちです。また，やらなければならない仕事を忘れてしまい，仕事に手をつけないままになってしまうことがあります。

　自閉症スペクトラムの人たちは，コミュニケーションをうまくとることができないため，上司や同僚の人が言ったことが理解できない，また逆に相手にうまく伝えることができないといったことが生じます。このコミュニケーションの問題は，相手の感情を理解できないため，好ましくない言語表現を表し，相手を不快な思いにさせてしまうこともあります。

　さらに，ミスや失敗をしてもその理由をうまく伝えられないために，負のスパイラルに陥り，自分しかわからない独特の方法で仕事をしてしまうといった

表1　発達障害の人の離職要因（梅永，2003）

仕事がつまらなかった
人間関係で問題を抱えた
雇用主に自分の障害を理解してもらえなかった
「障害など関係ない，努力してなおしなさい」と言われ重圧になった
会社でいじめを受けた
会社の業務，人間関係ができなかった
仕事をするのが遅いので向かなかった
自分に合わない仕事だった
仕事の技術面で追いつかなかった
人より時間がかかった
簡単な作業ができなかった
期待に応えようと頑張ったが疲れた
人間関係のややこしさ，指示の多さにパニックを引き起こした
自分の能力では手に負えなかった
自分のペースで働けなかった
リストラにあった
ストレスと体力的に続かなかった
仕事のレベルアップができなかった
いじめにあったり，無視されたりした

ことも見られます。そして何より，場の空気が読めない人たちが多いため，職場の人間関係に支障をきたしてしまうことが多々見受けられます。

　表1は発達障害の人たちが離職した要因です。仕事そのものの課題もありますが，対人関係における問題が多いことがおわかりいただけると思います。

Ⅲ　発達障害者の就労支援制度

　「障害者の雇用の促進等に関する法律」により，発達障害を持つ人に対する就労支援も充実してきました。よく使われている支援としては3カ月間といっ

た期限が定められている「トライアル雇用」があります。トライアル雇用期間中には，地域障害者職業センターのジョブコーチによる支援を受けることができます。

また，企業は，発達障害者を雇用した場合「発達障害者雇用開発助成金」の支給を受けることができます。これは，発達障害者を雇い入れた事業主に対し，賃金の一部を助成する制度で，大企業には年間50万円（短時間就労30万円），中小企業に対しては1年半にわたって135万円（短時間就労90万円）が支給されます。

発達障害者に対しては，自分の障害をオープンにせずに就職したい場合でも若年コミュニケーション能力要支援者就職プログラムというものがあります。このプログラムではハローワークの障害者コーナーではなく，一般相談窓口での相談・支援を受けることができます。その際，就職支援ナビゲーター（旧就職支援チューター）によるマンツーマンの個別支援を受けることができますが，全国すべてのハローワークに配置されているわけではありません。

発達障害をオープンにして就職しようとする場合は，障害者専門窓口で相談し，地域障害者職業センター等との連携による支援を受けることができます。

さらに，ハローワークが窓口となって，発達障害者を対象とした職業訓練制度が設けられています。これは，知識・技能習得訓練コースと実践能力習得訓練コースに分かれており，知識・技能習得訓練コースは，専門学校・各種学校等の民間教育機関，障害者に対する支援実績のある社会福祉法人，障害者を支援する目的で設立されたNPO法人等を委託先として，基礎的な知識・技能を習得するもので期間は3カ月以内となっています。一方，実践能力習得訓練コースは企業を委託先とし，事業所を活用した実践的職業訓練で訓練終了後は，そのままその企業での就職をめざします。こちらの期間は1カ月～3カ月となっています。いずれも職業訓練であるため，訓練を行う事業所に対し，受講生1

名につき月 60,000 円の委託料が支払われます。

　その他にも発達障害者の就労支援対策として,「就労支援者育成事業」というものがあります。これは発達障害者の就労支援を行う支援者に対して就労支援の知識を付与する「就労支援関係者講習」, 在職中の発達障害者と就労支援者が求職中の発達障害者にアドバイスを行う「体験交流会」。それから,「体験型啓発周知事業」と呼ばれる発達障害者の雇用経験がない事業主に対し, 理解・啓発・雇用促進を目的として行われる 10 日間程度の短期の職場実習などがあります。

MEMO

第Ⅱ部

就労の実際

第1章　特例子会社

1 大東コーポレートサービス株式会社

I　会社概要

　大東コーポレートサービス株式会社（以下「大東コーポレート」とする）は、従業員1万5千人の大企業である「大東建託株式会社」（以下「大東建託」とする）の特例子会社として、2005年5月6日に設立されました。

　本社は東京の品川駅前ですが、本社以外に福岡県の北九州市と千葉県の浦安市にも設置されています。

　元々知的障害者の雇用から始まった特例子会社のため、設立当初は知的障害者4名、身体障害者1名、そして障害者職業相談員という健常の人3名の計8名でしたが、2011年6月の段階で従業員82名と設立当初の10倍以上の社員数となっています。そのうちの53名が障害者（身体障害者15名、知的障害者16名、精神障害者11名、そして発達障害者が11名）です。

　発達障害の人たちの診断名は、自閉症5名、ADHD3名、アスペルガー症候群3名となっています。ただ、特例子会社は障害者を雇用する企業であるため、それぞれの発達障害者は愛の手帳（療育手帳）か精神障害者保健福祉手帳（用語解説参照）を所有しています。5名の自閉症者はすべて療育手帳（愛の手帳）を所持しており、ADHD者3名も療育手帳を所持、アスペルガー症候群と診断された人は療育手帳所持者1人、精神障害者保健福祉手帳所持者1人、そして東京障害者職業センターにおける知的障害の判定（用語解説参照）を受けた人が1名という状況です。現段階では平成17年に施行された発達障害者支援法により、発達障害者が障害者として認められるようになったものの、発達障害者手帳というものがないため、既述のように知的障害者としての療育手帳か

精神障害者保健福祉手帳を取得してから就労，というパターンにならざるを得ないのが現状です。

大東コーポレートは過去に「障害者雇用職場改善好事例」で3度も表彰されており，とりわけ知的障害者の雇用職場改善好事例（用語解説参照）では最優秀賞を獲得しています。以下，そのさまざまな工夫をご紹介します。

Ⅱ 主業務と障害者雇用のための改善の工夫

主な仕事の内容は，本社である大東建託や関連会社からの事務作業等の委託業務です。

具体的には機密文書の処理（粉砕処理），社内メール・郵便・宅配小荷物の受け渡し，名刺作成，人事・総務書類のデータベース作成，お客様向け冊子の印刷・製本・発送など約400種類の業務があります。

1．知的障害者

元々知的障害者の雇用から始まった大東コーポレートですが，それまで知的障害者を雇用した経験がなかったため，どのような職務が知的障害の人に適しているか，暗中模索

写真1　名刺の作成

の状態でした。とりわけ本社における業務の中から知的障害者が遂行可能な職務を洗い出すことから始めなければなりませんでした。

そこで、障害者を支援する「障害者職業生活相談員」という専門的な役割を担う職種を設定しました。近年では、相談員の中に障害のある人も2名含まれています。この相談員は、定期的に本社各部門あての説明会を実施し、各職場を回って頼める仕事のリサーチを行い、「知的障害者は単純作業しかできない」という先入観を打破することを目指しています。本社においてのアウトソーシング、臨時社員や派遣社員が行っている業務を見直してもらうことで、知的障害者がスムーズに働ける職場環境を整えるとともに、仕事の問題発見・改善を重ね、ミスのない仕事を実現できるようになりました。

具体的には、知的障害者の職務では非常にシンプルで仕事を学習しやすい「廃棄文書の回収・仕分け・シュレッダー処理」から始め、次に少しの訓練で行える仕事として「経理課のメール便受付、備品や制服の受け付け・取次、請求書の封入」と徐々にレベルを上げ、最終段階では習得するのに時間はかかりますが、いずれ遂行可能な仕事として「領収書、給与明細の発送」などのように、知的障害があっても本人の可能性を信じて業務範囲を広げていきました。

廃棄文書処理においては、廃棄文書を入れる段ボール箱には「ピンク色の名札」を表示したり、手順を書いた「作業カード」を配布するなど、視覚的にわかりやすい「構造化」（用語解説参照）といった手法を取り入れています。また、廃棄文書には機密文書が含まれているため、表1-1のように職場でのマナーをわかりやすく示すことも実施されています。

以上の結果、廃棄文書が多い時期には1カ月に20トンもの処理をできるようになりました。

郵便物の仕分け・受発信については、全国188支店のメールボックスへの投函作業をスムーズに行うため、各自が持っている支店名リストに仮名をふって、

表 1-1　廃棄文書について守ること

① 回収する際に落とさない
② ホチキスを取るときに内容を読まない
③ シュレッダーにかけるとき，内容を読まない
④ 廃棄文書についての内容を人に話さない
⑤ 廃棄文書を持ち帰らない

「支店名カルタ」を作って練習するなど，知的障害者に覚えやすいように遊び感覚で指導されています。

　大東コーポレートは知的障害者を雇用する上の基本理念として，①IQ値にとらわれない，②知的障害の特性を理解する，③1人ひとりの特性をとらえる，④仕事の中で能力を開発する，⑤社会的な支援を得る，といった雇用環境を構築し，配慮ある雇用を進めています。

2. 精神障害者

　大東コーポレートは知的障害者の雇用から始まりましたが，現在では11人の精神障害の人も雇用されています。この精神障害者の雇用においても「雇用職場改善好事例」で優秀賞を獲得されているように，柔軟な雇用形態を取られています。まずは，勤務時間の配慮です。精神障害の人の中には最初から長時間の

写真2　郵便物の宛名張り

労働を行うと、精神的に参ってしまう場合があります。そこで、3時間の短時間労働から始め、慣れてくるにつれて徐々に勤務時間を伸ばしていくといった工夫が図られています。次に、知的障害者と同様に職務の創出です。知的障害者とは異なり、ある程度レベルの高い仕事ができる可能性があるので、「文書のスキャン作業、アンケート入植作業、アパートの鍵および注文書の管理、建物のペーパークラフト（模型）づくり、各種書類のファイリング」などの職務を検討しました。さらに、精神的な不安を軽減するために、相談時間を頻繁に設け、不安や緊張感を和らげてもらうようにしています。

とりわけユニークなのは、一般的には病院等で働くことの多い精神保健福祉士を雇用している点です。このような発想は職場で生じるメンタル面の問題を現場で解決できる手立てとなるので、今後企業でどんどん広げていってほしい、と考えます。

そしてさらに面白い点が、職場でSST（Social Skills Training：社会的スキル訓練）（用語解説参照）を取り入れられたことです。具体的には、毎週金曜日に1人あたり15分〜30分の時間を設け、表1-2のようなシートを用いて「振り返り時間」を作り、職場と生活の両方の話を聞いて、ストレスの軽減を図っています。

Ⅲ　発達障害者を雇用する上での課題と支援

大東コーポレートでは、表1-3のような目標を持って障害者雇用を推し進めています。

山崎社長のお話によると、発達障害者の就労における最も大きい問題は、対人コミュニケーションであったとのことでした。とりわけ受発信ができないため、ミスをしても報告できない、忘れたことが言えない、などの状況が積み重

表 1-2　業務の振り返りシート

質問項目	○で囲んでください　その時の状態
体調はいかがでしたか？	良い　まあ良い　普通　あまり良くない　悪い
疲れ具合はいかがですか？	すごく疲れた　程よく疲れた　疲れていない
2週間の目標を意識できましたか？	できた　だいぶできた　普通 あまりできなかった　取り組めなかった
仕事は集中して取り組めましたか？	取り組めた　だいぶ取り組めた　普通 あまり取り組めなかった　取り組めなかった
他社員との対人関係はいかがでしたか？	できた　だいぶできた　普通 あまりできなかった　できなかった
業務やその他で困りごとはありましたか？	あった　なかった
具体的に何に困りましたか？	
質問項目以外に話したいことはありますか？	

表 1-3　大東コーポレートの理念

組織全体の問題解決を目指し仕事を構築・改善
小さな問題を見逃さないこと，個別の対応を大切に
No.1 でなく自己ベストを目指す。そこから新たな職場開拓へ
「できる仕事」の発見と拡大〜相互協力と業務レベルの向上
簡単でやりやすい方法の開発「廃棄文書処理」
ミスをなくして正確にできる工夫「メールや郵便物の仕分け，受発信と封入」
質の高い業務への飛躍「人事・総務文書管理業務，印刷業務」
より高度な業務の受託「領収書の発送，給与明細の発送」
今後の取り組みと展望「メンタルヘルスの充実」

なってくると精神的な面でも負担がかかるようです。

そこで，知的障害者を雇用した際のノウハウ，精神障害者を雇用した際のノウハウを発達障害者の雇用にも生かし，さまざまな支援が行われています。

まずは，発達障害者に対しても SST による指導を取り入れました。

従来，アスペルガー症候群等の発達障害者には，SST による対人技能スキルの獲得は難しいとされていましたが，大東コーポレートで用いられた SST

では，多くの人が困ったことを素直に言えるようになりました。このSSTでは，誤った発言や失敗した行動を否定せずに褒めることが中心なので，発達障害者がミスをしたことを報告しても，「よく言ったね」と褒めることによって，安心感が生まれ，コミュニケーション能力が高まってきたと考えられます。

> **あるエピソード**
>
> 韓国や中国からの見学者が多数いるため，従業員に簡単な韓国語や中国語での挨拶を教えているそうです。実際に見学者が来たら，韓国語や中国語で挨拶をするので，大変驚かれているそうです。

現在では多くの発達障害の人たちがスムーズなコミュニケーションを図れるようになりました。SSTを取り入れたことによって，以前は喧嘩になっていたような出来事も，社員が社員を褒めるという関わり方によって，とてもスムーズな人間関係を構築できるようになったそうです。

近年，仕事が終わった後の余暇活動も，電車好きな発達障害の社員同士で電車に乗って日帰り旅行などを実施しているとのことです。

発達障害者は適切な仕事に従事していれば，仕事そのものにおける問題は少ないのです。なぜなら，彼らにできる仕事が与えられていれば，たとえ現在はできなくても，教えれば習得できるようになるからです。

例えば，10までの計算しかできなかったLDの人でも，昼休みのゲームなどを通して学習し，入社から6年を経た現在は100まで数えることができるようになりました。

大東コーポレートでは，昼休みの遊びの時間は地名で漢字を覚えたり，ゲームで数字を理解させたり，教育につながるさまざまな支援が多々見られます。

Ⅳ　今後の展望

　現在，障害者雇用率が2.5％となり，法定雇用率の1.8％はクリアしていますが，さらに増やして将来的には3％，4％を目指していきたいということ，また現在業務を拡大しており，茨城県の笠間市で椎茸栽培なども行っているそうです。

```
MEMO



```

第1章 特例子会社

② トーマツチャレンジド株式会社

　東京駅八重洲南口から徒歩3分ほど南に行くと、パシフィックセンチュリープレイス丸の内というとても大きなビルがあり、その中にトーマツチャレンジド株式会社（以下「トーマツチャレンジド」とする）の八重洲オフィスがあります。

I　会社概要

　トーマツチャレンジドは監査法人トーマツ（現・有限責任監査法人トーマツ）の特例子会社として2006年の7月に設立されました。親会社の有限責任監査法人トーマツは、国内の監査クライアント数約3,700社という大きな会社で、約5,500名のメンバーを有しています。この中で公認会計士および公認会計士試験合格者が4,000名以上という日本で最大級の会計事務所のひとつです。監査法人は、主に、企業の財務書類を独立した立場から監査、または証明する等の業務を行っています。トーマツチャレンジドの主な事業内容は、「社内メール便業務」「パントリー業務」「社内資料のコピー業務」「園芸業務」などがあります。この中でパントリー業務というのは、文房具を補充したり、休

表 2-1　トーマツチャレンジド（東京）での事業内容

定例業務	スポット業務
メール業務	コピー・製本・ファイリング作業
パントリー業務	確認状開封作業，アンケート入力作業
経理事務	貸与物関連の作業・受付
契約書受付業務	ラベル張り，封入，発送作業
PCセットアップ業務	DVDダビング作業，PCによる入力作業
エコ関連業務	大量配布物の仕分け・発送
文具リサイクル	資料などのスキャナー作業
コピー用紙補充	多肉植物の水やり・入れ替え・社内販売

憩室のコーヒーや水などを補填する仕事です。

　東京の3オフィスの他に，市川，名古屋，京都，大阪，福岡にもオフィスがあり，従業員数は62名（2012年8月現在）で50名以上の障害者を雇用しています。その中では知的障害者が最も多く，その他にも身体障害者，精神障害者の方も働いています。そして発達障害の人は22名で，知的障害を伴う自閉症の人が19名，大学を卒業しているアスペルガー症候群やLDの方もいます。特例子会社なので，いずれの方も知的障害者としての療育手帳か精神障害者保健福祉手帳を取得しています。トーマツチャレンジドの特色は他の特例子会社と異なり，1カ所に固まるのではなく，親会社の各部門で働いていることです。

Ⅱ　主業務の内容

　社内メール便とパントリー，パソコンのセットが主業務です。その他に経理事務，契約書受付，エコ関連（キャップの回収），文具リサイクルなどのほか，スポット業務としてコピー，製本，ファイリング，ラベル張り，封入，発送などに従事しています（表2-1参照）。パソコンのセットアップ業務では年間5,000台～6,000

台のパソコンのセットアップを行っています。一般の人たちの中にはパソコンのパスワードを何台も入れ続けるのは飽きてしまう人もいるでしょう。しかし，発達障害，とりわけ自閉症スペクトラムの人の中には得意な人がいるので，パソコン4，5台くらいであれば時間差で併行してセットアップができます。逆に，契約書の数字が苦手なLDの方の場合は，スポット業務で仕事と仕事の間にできる仕事を提供しています。パントリー業務では，コーヒーを作ったりウォーターサーバーの水を補充，紙コップ，紅茶，ミルク，砂糖などの在庫をチェックしたりするなどの仕事があります。メール便とパソコンのセットアップを行っている空き時間に，クリップのリサイクルなどの作業に従事することもあります。

Ⅲ　発達障害者を雇用する上での課題と支援

　パントリー業務の際にコーヒーや水の補充を行うのですが，その際にゴミを触ったり，また，数に興味があるためエレベーターの階数が示されたナンバーを押したがって，ナンバーボタンの前に立っていた女性の真後ろに立ってしまう，という人がいました。自閉症の人の中には数にとても興味を示し，カレンダーボーイ，カレンダーガールと言われる人たちがいます。彼らは「何月何日は何曜日？」と尋ねると，たちどころにその曜日を答えてくれます。数に興味のあるこの男性は，バラバラになっている12桁の番号を，1番から順番に並べ替えなければならないという仕事を一瞬にして行うことのできる天才的な能力を有しています。

Ⅳ　今後の展望

　障害があろうがなかろうが「愛される人」，これをトーマツでは「人間力」

と言いかえていますが，そうした力を持っている人を採用したいとおっしゃっています。これは，教育や子育てにも関係することで，ずっと怒られてばかりの教育や子育てでは「自尊感情」（用語解説参照）が消失し，表情もどこか人の目を窺うようになってしまいます。親から褒められてこなかった人たちは「ごまかす」「嘘をつく」ことが多くなっているのではないか，とのことです。

これに対し，可愛がられて褒められて育った人たちは，常に笑顔があり，誰からも可愛がられます。仕事の能力面では教えればできることが多いので，「ありがとうございます」「すみませんでした」など，素直に言われたことに対応できる人が望まれます。

そして，エレベーターの乗り降りなどのマナー研修を会社全体で行うことにより，共通認識がもてるのでないかと考えています。そして，トーマツチャレンジドは頑張った人たちをマナー研修等で「表彰」することで誰もが働く喜びや意欲を持てる会社を目指すとのことです。

あるエピソード

ある自閉症スペクトラムの女性は，知的障害を重複している重度の発達障害がありますが，とても人に対して優しく思いやりのある人でした。ある日，公認会計士の人たちが行っている軽音楽のコンサートに参加したところ，会場の最前列でペンライトを持って手を振りながら盛り上げたため，他の観客の人たちもつられて踊るようになり，現在では軽音楽部の会計士さんたちに大人気となって，毎回コンサートが開かれるたびに無料で招待されるようになったそうです。

マニュアルで確認しながらPCのセットアップ

机にマニュアルやスケジュール表を貼って確認しながら契約書のチェック業務中

チェック表で確認しながら文具の補充中

リストでチェックしながらメールの仕分け作業

迅速かつ完璧なパントリー業務

何でもすぐ聞ける指導スタッフの配置

第1章　特例子会社

③ 富士ソフト企画株式会社

Ⅰ　会社概要

　JR東海道線大船駅から鎌倉方面へ川沿いを歩いて約10分のところに白いきれいなビルが見えてきます。富士ソフト企画株式会社（以下「富士ソフト企画」とする）のビルです。ビルに入った瞬間，掲示板に毎月の活動の写真が貼ってあり，障害者に優しい会社だなあという雰囲気が漂っていました。富士ソフト企画は身体障害者，知的障害者，精神障害者と，いわゆる3障害の方々を雇用しており，さらに発達障害の方の雇用を推し進めています。会社に入って，最初に担当されたのは精神障害の方でした。いくらか緊張されている様子でしたが，とても丁寧な対応をされ，見学をお願いした私の方が恐縮してしまいました。

　富士ソフト企画は2000年9月に富士ソフト株式会社の特例子会社として設立され，2001年7月から知的障害者，2003年4月から精神障害者の雇用を開始し，現在では発達障害者も雇用されています。

　全従業員160名中障害者は133名，そのうち発達障害者は13名です。発達障害者雇用の経緯は，平成

13年に知的障害者を雇用したことがきっかけでした。このときに発達障害の人も一週間の職場実習を行い，雇用が始まりました。最初は1日3時間の実習（3カ月間）から始め，3カ月を過

写真3-1　委託訓練の様子

ぎると1時間ずつ延長し1年をかけてフルタイムの仕事に従事するように支援を行いました。自閉症スペクトラムの人の中には問題行動を繰り返す社員もいたそうですが，社内に配置されている職務遂行援助者，職業コンサルタント，第2号職場適応援助者（ジョブコーチ）らのきめの細かい支援により，発達障害者の離職者は皆無です。

　平成23年度，独立行政法人高齢・障害者雇用支援機構が主宰する，発達障害者の雇用環境等の改善・工夫に取り組む事業所の職場改善好事例では最優秀賞（厚生労働大臣賞）を受賞しました。

Ⅱ　主業務内容

　ソフト企画という名称が示すように，ホームページ作成，名刺作製，データ入力，アンケート入力，サーバー管理，印刷物制作，ダイレクトメール発送などの業務があります。

　13名の発達障害の人たちが働いており，そのうち9名が療育手帳，残りの4

名が精神障害者保健福祉手帳を取得しています。

Ⅲ 富士ソフト企画の特色

　富士ソフト企画では社内にカウンセラーを配置し，フレックス制の導入やチームを組んで仕事を行うなどの就労支援システムを構築しています。平成16年度からは，国の障害者訓練事業の委託を受け，精神障害者を対象としたIT・ビジネス・コミュニケーションスキルトレーニングなど，ビジネス分野の即戦力となるトレーニングコースを開発し，就労に向けた実践的な訓練を実施しています。この委託訓練は3カ月であり，過去に270名の卒業生を輩出しています。それぞれサンリオ，全日空，日立製作所などの企業へ就職しており，就職率は約70％です。

　現在，社内にはコンサルタント，援助者，第2号ジョブコーチといった障害者支援に携わる専門家が配置されています。

Ⅳ 発達障害者を雇用する上での課題と支援

　感情的になりやすく，音が気になる人がいます。モニターのちらつきが気になり電源を切ってしまう人がいます。また，曖昧な指示を理解できない人もいます。しかしながら，以前はダイレクトメールの仕事を行っていた人が清掃の業務についたら感情的になることがなくなったというように，得意分野を探して，発達障害の人に合った職務配置をすれば，スムーズに仕事は進みます。また，精神障害の人は不安定になりやすいので，フレックスタイム制を活用しています。しかし，発達障害の方は，他の障害の方よりも仕事を休まない人が多いというメリットがあります。

V 今後の展望(社長の話)

　富士ソフト企画は,「就労は障害を軽減する」「就業は究極のリハビリである」として,単に働いて継続雇用を目指すことではなく,働くことにより障害を克服し,生きがい,働き甲斐を見出そうと考えております。

　働くことによって障害が快復していくという仮説を実証しようと思っております(この考え方は,従来の障害者雇用にはないものです)。

　「会社は働く場」ですから,「働く能力」があり,「働く意欲」のある人たちの集まりです。一方で,会社は「社会の縮図」であり,いろいろな人がいていいのです。会社での,さまざまな体験は,未熟だった社会性を身につける最も良い方法の一つだと思います。

写真 3-2　援助者との相談風景

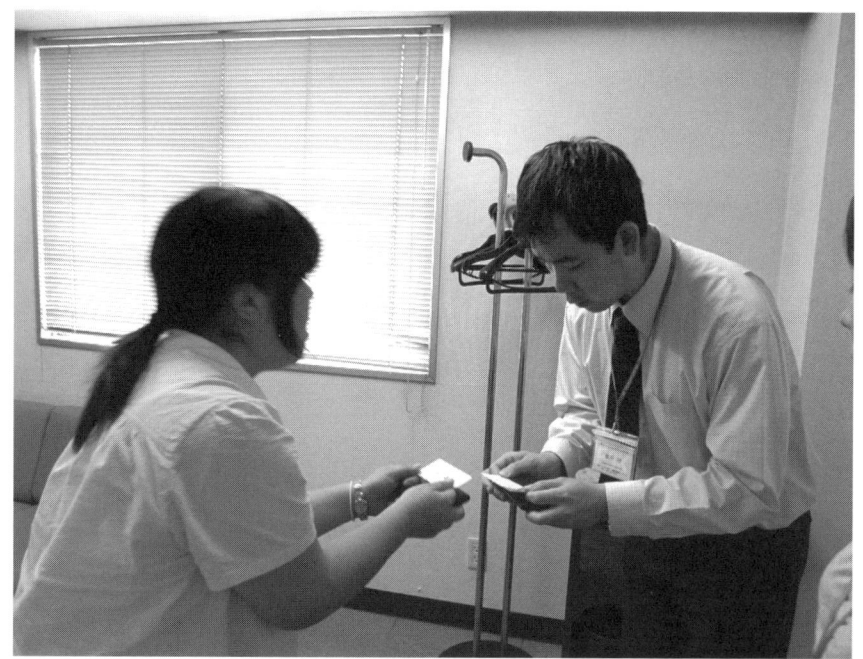

写真 3-3　名刺のやり取り練習

あるエピソード

　大企業でストレスのためにうつ状態となった精神障害の人がその高い能力を使ってコンピューターの指導をされていますが，同様にアスペルガー症候群の人も聴覚障害の人の管理をしており，リーダーという役職についています。

第1章　特例子会社

4　株式会社アイエスエフネットハーモニー

　JR中央線中野駅北口を降りて5分ほど。商店街を通り抜け，早稲田通りに出るとすぐ右側に中野区の商工会会館のビルが見えます。その1階に株式会社アイエスエフネットハーモニー（以下「アイエスエフネットハーモニー」とする）がありました。約束の時間よりもほんの少しだけ早めに訪問したところ，働かれている方々が全員で立ち上がり，「おはようございます，いらっしゃいませ」の挨拶。突然だったのでとても感動しました。

I　会社概要

　アイエスエフネットハーモニーは，株式会社アイエスエフネットの特例子会社として2008年1月に設立されました。障がいの種類は身体障がい者，知的障がい者，精神障がい者，そして発達障がいの方もいます。業務の7割は親会社から委託されたものですが，2020年までには1,000人の障がい者を雇用し，給与も現在の倍額を支払えるようにしたいとの社長の展望があ

> **表 4-1　アイエスエフネットハーモニーの事業コンセプト**
>
> 1. ITを駆使し，障がい者の「雇用」を促進し，「生きがい」「やりがい」，そして「自立」を実現していきます。そのため付加価値の高い事業を創造していきます。
> 2. 職業訓練を十分に行い，障がいの特性に関わらず，工夫を重ねてさまざまなIT業務にチャレンジします。
> 3. 1人でも多くの障がい者が社会参加できるように，他企業に対して積極的に情報を発信し支援を行います。
> 4. 従業員全員が共に学び成長していきます。

ると伺い，まさに知識や経験に捉われない，「人間性（ヒューマン・スキル）」と「やる気」を重視した雇用機会の創出を促進されている企業です。

　ハーモニーとは，社員全員がまず"調和"することを大切にして，力を合わせて進化・発展していくという意味から名づけられたのだそうです。

　事業のコンセプトは，表4-1の通りです。

II　主業務内容

　主業務内容は主にITを活用したもので，具体的には，総務・人事・給与等に関わる事務業務，名刺作成業務，データ入力，Web構築・保守・運用等PCを使用した業務，PCの動作確認，ソフトウェアインストール作業，中古PCクリーニングや喫茶のクリーニングサービスなどを行っています。

　障がい特性による配慮の一例として精神障がい者には作業手順のチェック，身体障がいの人には機種ごとに違う設定，そして知的障がいの人にはパソコンを箱から出してケーブルにつなぐなど，障がいの特性に応じた職務配置をしています。

　具体的には，1日を3つの仕事に分類し，午前と午後に2つの仕事をペアで

行いながら,「時間評価」と「チームワーク」の側面で評価0点,1点,2点の3段階で日々の業務をチェックしています。

　中野には17人,それ以外に仙台,福島（カフェ業務）,安城などでも業務を行っています。社会人としてのマナーにかなり気をつけており,毎朝「挨拶リーダー」という人が,挨拶の音頭を取り,ペアを組んで身だしなみのチェックを行っています。また,ブログを作ったり,名刺作成なども行っています。自閉症で知的障がいを重複している社員は書道の達人で,来所者の名前を書いたりしています。アスペルガーの青年は工学系の大学院を出ているとのことで,二次関数を用いて帳簿を作ったり,カードリーダーが動くかどうかの検査などを行っています。

Ⅲ　アイエフエスネットハーモニーの特色

　常務取締役にお伺いしたところ,発達障がい（とくに自閉症）の人たちはコミュニケーションの範囲の狭さがあるため,「生意気」だとか「わざと聞いていないふりをしている」と思い,最初の頃はとまどったということでした。しかし,彼らの視野の中に入っていく,すなわち彼らの届く範囲にボールを投げかけるということを心がけているそうです。彼らへの情報の出し方が間違っていると考えることによ

写真4-1　職場の様子

り，支援者側が変わることが重要であるとわかりました。いろいろと行動観察をしていくと，文章においてもS＋Vの第1文型であればわかる人がいたり，色を用いれば理解しやすいということがわかった人もいました。色が理解しやすい人には，事前に何をするかを色で示すことを行いました。たとえば，信号になぞらえて，動く業務（たとえば清掃など）は青で示し，座って行う業務は赤，そして注意を要する入力作業などは黄色で示すことにより，理解をしてもらいました。

また，電話応対などが苦手だと考えられる自閉症スペクトラムの人においても，最初からできないと考えずに，業務についてもらったところ以下のような問題が出ました。

電話機が鳴って受話器を取ると，電話機の電気がついているところを思わず押してしまって，電話を切ってしまう。これは，業務についてもらったからこそ明らかになった問題点です。

Ⅳ　今後の展望

私たちは，ITを通じて世界中の障がい者が社会参画できる企業を目指します。また参画していただけるすべての人々はもちろん，賛同していただける方々にも豊かな心と大きな感動を与える企業を目指します。そして，ハーモニーが大切にしていることは，「人と人とが調和をして初めて，全ての進化・発展（人間の成長，会社の成長）が起こります。調和（ハーモニー）とは，思いやりの心を持って助け合うこと。われわれは常に思いやりの心を持って，人と接することを一番大切にしています。一番自分に優しい身近な存在を大切にできなければ，一番厳しいお客様を大切にすることできません。『親を大切にし，家族を大切にし，仲間を大切にし，そして部下（後輩）を大切にする』。自分を産

み育ててくれた自分にとって一番優しい両親を大切にできない人は、自分の家族も大切にできないでしょう。また家族を大切にできない人に自分の仲間、そして部下や後輩を大切にはできないでしょう。それにも増して厳しいお客様を大切にすることはできないのです」。

写真 4-2　帰りに際に全員そろって挨拶をしてくれました

MEMO

第2章　一般企業

5 株式会社良品計画

I　会社概要

　地下鉄東池袋から徒歩2,3分のところに株式会社良品計画（以下「良品計画」とする）の本社ビルがあります。

　ビルを入るとすぐ左側の壁には，写真のような文字が大きく書かれています。

　無印商品で有名な良品計画は，1980年12月，株式会社西友のプライベートブランドとして40品目で始まりました。「無印良品」は，現在では7,000品目超を展開するブランドへと成長しています。1989年に西友から独立し，「無印良品」の企画開発・製造から流通・販売までを行う製造小売業として，衣料品から家庭用品，食品など日常生活全般にわたる商品群を展開しています。現在直営店は国内256店舗，商品供給店116店舗，海外163店舗となっています（2012年2月末日現在）。

　障害者雇用に関しては，2000年から身体障害者と知的障害者の雇用から始まりました。武蔵野センターで経理（商品券を数える）と入力作業を行う発達障害者を雇用し，

そのときに採用した自閉症者はまだ辞めておらず，現在11年目。

発達障害者の雇用については2009年から始まっています。ハートフルプロジェクトという雇用の場を店舗に拡大する計画の中，当社店舗の職場環境，雇用条件（勤務時間等）が発達障害の特性と合致し，必要な人材と考えられたからです。2012年6月現在3,804名の社員がおり，そのうち18名の発達障害の方々（アスペルガー症候群10名（精神障害者保健福祉手帳），LD1名（精神障害者保健福祉手帳），ADD1名（療育手帳4度＋精神障害者保健福祉手帳），自閉症4名（療育手帳），ADHD2名（精神障害者保健福祉手帳手帳））が雇用されています。

LDの診断をされた人はアスペルガー症候群も重複していますが，主に数字が苦手なカリキュレキシアなので賞味期限の数字を理解するのに困難がありましたが，時間をかけて理解できるようになりました。

ADDと診断された人は特別支援学校卒業で療育手帳4度を所有しており，数学が苦手なのでレジ業務を習得するのに時間がかかります。将来的には一般枠での雇用を希望している人ですが，こうした不得意な業務が今後の課題となります。

II 主業務内容

本部では，経理業務や生産管理，情報システム，などの専門職およびメール業務や入力業務などを行っています。店舗では，品出しや衣服をたたんだり，清掃，賞味期限チェック，梱包，客の応対等店舗内業務も行っています。勤務時間については，午前中の4時間のみ，など本人の要望に応じて対応しています。その他に武蔵野事務所浦安センターで働いている人もいます。

ちなみに店舗勤務の場合，無印良品の洋服を着用しますが，制服として50％オフになります。

Ⅲ 発達障害者に対する配慮事項

　発達障害者の受入れに当たって職場内のコンセンサスを得る方法として，ハートフルモデル店舗の認定・評価・支援を会社が行っており，社内報，店長会等で会社の取組みを周知しています。

　それから，発達障害者のニーズを重んじています。つまり，ひとりになりたい人はひとり，皆と一緒に昼食を取りたい人は，皆と一緒など（面接の段階で話し合う），人と食事をしたい人はシフト制なので，誰かと合わせるようにしています。

　実際の業務では，計算の苦手なLDの人には，計算をする必要がない仕事や，どうしても計算しなければならないときには電卓を使用してもらいます。変化が苦手なアスペルガー症候群の人の場合には一日の仕事の流れを事前に伝え，急な依頼は行わないようにしたり，注意力散漫なADHDの人には変化のある仕事をしてもらうなど，障害特性に応じた別に課題を洗い出しサポートをしています。さらには1週間に1回ミーティングを設け，本人たちのニーズを検討し，質問がある場合には日々のミーティングで対応しています。

　また，同じ発達障害であってもひとりひとりの個性が異なるので，障害特性に応じた職務内容や指導方法の検討を行っています。具体的には，支援機関の方に相談しながら自分のことを紹介するプロフィール表を書いてもらい，自分の特性を他の人に理解してもらうようにしています。

　時給は，一般のパートナー社員でも障害者でも同じです。一般の方はステップアップシートを使って昇降給します。障害者の方についても現在ステップアップシートを作成中です。

　最近は，ハートフルモデルの店舗を自分もやってみたい，という店長も増えてきています。

Ⅳ　発達障害者を雇用する上でのポイント

　障害者を雇用する上で精神障害者（統合失調症の人）は会社に出て来ることができず，辞めてしまう可能性があります。実際，パートやアルバイトの人たちの中にもいろいろな人たちがいて，突然辞めたり，出て来なくなる人もいました。しかしながら，発達障害者で辞めている人はいません。また，きちんとルールを守ることができています。そのため発達障害者を雇用して困ったということはないそうです。仕事の時間に関しては，1日4時間からの短時間就労でも問題ありません。また，勤務日数も各々の希望に応じて設定しています（一般枠のパートは7.5時間で週5日勤務）。

　ただ，支援に関しては職業センター等の就労支援機関に援助をもらいながら，ジョブコーチ（用語解説参照）やトライアル雇用（用語解説参照）を利用しています。それに伴い採用も地域の障害者職業センターに紹介してもらうことが多いそうです。

　トライアル雇用は「お見合い期間」と考えており，人によって異なりますがジョブコーチが1週間に2回から3回入ることになっています。ただ，行政上，トライアル雇用は全国で900人と決まっているため，本社のある池袋のハローワークからは枠を使いすぎとの指摘があるそうです。トライアル雇用は雇用契約のため，職場実習と違って，メリットは店長のモチベーションが上がります。なぜなら，学校の実習などでは，期間が2週間ほどしかなく，その後帰ってしまいますが，雇用の場合は店長に責任があるからです。

　障害者の方はパートナー社員として採用され，勤務時間に応じて社会保険にも加入しています。

　発達障害者の従業員で，まだ，1人暮らしをしている人はおらず，全員親元から通勤しています。

採用は，採用後のフォローアップがしっかりしているハローワークが中心で，他にはその関係機関である障害者職業センターとも連携しています。現在も名古屋，大分，岐阜などの障害者職業センターで相談された方の雇用を行いました。どの店舗で雇用するかは，最初は店長の資質を見て選んでいます。いまは，200店舗のうち約60～70店舗で雇用しています。加えて，店長以外の従業員の中で，他にサポートについてくれる人がいる店舗も候補になります。

V　採用担当者の声

　良品計画の店舗である無印良品では，大卒後2年から3年で店長になるため，20代の若い人が多く，まだ経験が浅いので，精神障害が怖いとか発達障害がわからないなどの間違った意識を持っている人も多く，まずは，発達障害者の雇用に対しての固定観念をなくしています。発達障害関係の本などを読ませると，かえって先入観が入ってしまう可能性があるので，その人それぞれの個性を見てもらうようにしています。

　また，コミュニケーション能力の向上，仕事の創意工夫を行い，接客業を担当している発達障害者の方もいます。具体的には研修において「いらっしゃいませ」など簡単な接客の対応法をシミュレーションで示し，わからない場合は他の社員につなぐという接客の方法を教えています。

　採用したい人材は，無印商品が好きな人，働く意欲のある人（親から働くことをすすめられた人では勤まらない）を優先しています。そして，問題が生じたらすぐにミーティングを行うように心がけています。接客業なので，笑顔ができる人，人の話を聞ける人，が採用のポイントとなります。まだまだ採用枠はあるのでたくさんの応募をお待ちしております。

あるエピソード

　現在本部で働いている32歳の自閉症青年がいます。特別支援学校卒業後に1度宅配便関係の仕事に従事しましたが，1年ほどで離職し，武蔵野センターで10年ほど入力作業の仕事をしました。現在，月曜はメール便の仕分けを190件，小荷物の仕分け，各階に荷物を持っていく作業などを，65歳以上の方と共に午前中11時半までは行っています。その後は彼1人で8時半から夕方5時15分まで勤務。趣味はヘビーメタルのCDを聞くことです。しかし，あまり無駄遣いはせずに家計を支えています。一時期，当社拒否になり，放浪癖などもありましたが，その都度面談をし，一つずつ問題を解決しました。本人は身体を使う仕事がしたいというので，半年間は武蔵野センターと本社の双方の仕事をやりました。最初は郵便物や小荷物を各階の人に黙って差し出すだけでしたのでクレームが来ていましたが，最近では少しずつ話もできるようになってきました。ただ，人とのかかわりが得意な方ではないため，1人で食事を取ることが多いようです。

写真5-1　メール便の仕分けをする様子

第2章　一般企業

6 アクサ生命保険株式会社

I　会社概要

　アクサは世界最大級の保険・資産運用グループで，世界57の国と地域で約16万3千人の社員が働いています。アクサのビジネスは生命保険・貯蓄，損害保険，資産運用という3つの分野から成り立っています。我が国においては，1994年にAXAが100％出資する日本法人「アクサ生命保険株式会社」を設立し，障害者雇用も積極的に行っています。障害者雇用は東京本社のほとんどの部門と全国の営業店で行われており，業務は多岐に渡ります。現在複数名の発達障害者を雇用しています。今回は高機能自閉症の方が働いていらっしゃる白金本社を訪問しました。

II　主業務内容

　2009年から，就職活動に真剣に取り組むようになりました。両親と話し合った結果，大学在学中に療育手帳を取得し，障害者職業センターにおいて約1カ月の準備支援を受けた後，人事部に採用となりました。
　業務は午前と午後に分けて行っています。保険会社であるため，生命保険・損害保険に関する資格試験を受講する社員に対する受講票や合格証の発送リストを作成し，発送等を月に1,000件ほど行っています。また，アクセスによるテキストデータをエクセルに変換する業務も行っています。

Ⅲ 発達障害者に対する配慮事項

入社前の2月から3月にかけて1週間ほど体験入社を行いました。

入社直後の新人研修では本人の希望により最初は障害をオープンにせず，他の大卒新入社員20名の同期と研修を受けたのですが，研修中に行うグループワークについていけず，同期入社の新入社員との意見交換が求められる際に緊張のため過呼吸となる場面が出てきました。

その後，人事担当者と相談した結果，発達障害（自閉症）であることをオープンにし，「自分から話し始めることは困難なので，皆さんから話しかけてください」と説明しました。その結果，グループワークでは本人が意見を出しやすいようにデータを提供したり，質問に関しては二者択一，あるいは「あなたの気持ちはこうなんですね」と確認をするようにしてフォローをしてもらえるようになりました。

研修終了後は人事部に所属し，同期の社員が指導担当者として関わるようになり，作業手順を詳細にまとめたマニュアルを作成し，作業指導を行いました。

写真6-1 コンピューターによる業務

Ⅳ 発達障害者を雇用する上でのポイント

　実際に作業を行う上で，何のために行うのかを説明するのではなく，「何を行うか」に焦点を当てました。その上で作業の流れを示したマニュアルを作成し，マニュアルに沿ってフィードバックを行っています。

　仕事を指導する同期の人に対して，ボランティア的な対応ではなく，「障害者指導」として担当業務に含めることにしました。

　短い期間で結果を求めるのではなく，長期的ヴィジョンで支援を行うことが必要です。採用時には上手にコミュニケーションが取れなかったものの，現在では一定の業務がこなせるようになり，本人がいなければ困る状況になっています。

Ⅴ 担当者の声

　障害が軽いからといって，必ずしも採用がうまく行くというわけではありません。

　むしろ，軽度の場合，周りの同僚や上司が「配慮の必要がない」と考え，業務が適切かどうかを見極めるのが遅れる可能性があります。

　大切なことは，業務に人を当てはめようとするのではなく，本人がどのような能力や強みを持っているかをまず把握し，その能力を最大限に生かせる業務は何かを見つけることではないでしょうか。

　障害者が企業に貢献できる人材として定着するかどうかは，障害の程度より，受け入れる側の本気度と発想力，そして力量に負うところが大きいと思います。

あるエピソード

　意識的ではないのですが，伝票を机の中に入れてしまい，それを忘れてしまったようで，同僚に説明できませんでした。このように自分でミスをしてもミスとは気づかないことがあります。そこで，失敗したときには「こうなったら，こうします」といったフローチャートを図示したマニュアルを作ったところ，徐々に業務を覚えてもらえるようになりました。

MEMO

第3章 ユニークな会社

7 株式会社 Kaien

I 会社概要

　発達障害の人たちの就労支援を行っている企業，株式会社 Kaien（以下「Kaien」とする）の紹介です。

　この会社は，発達障害の人を雇用しているのではなく，アスペルガー症候群を中心とする発達障害の人たちの就労支援を行っている会社です。

　2009年9月に設立されたばかりの新しい会社ですが，今までの就労支援関係機関には見られない新しい発想および専門的な支援を行っています。

　事業内容は，発達障害の人に対する，職業トレーニング，職業紹介，コンサルティングです。発達障害の人に特化した職業トレーニングや職場適応が上手にできない人向けのメンタルヘルスを実施している機関としては国内唯一ではないでしょうか。

　仕事ができる発達障害の人を雇用したいと考えている会社のニーズに応じた人材紹介を行い，採用後も職場環境の整備・教育・キャリア形成についてもコンサルティングを行っています。

　対象者は，主に知的障害を伴わない発達障害の人で，70％は大学を卒業しており，中には修士・博士号取得している人もいます。来所された時は障害手帳は所持していなくても，多くの人は就職する時点で「精神障害者保健福祉手帳」を取得し，障害者として就職されます。つまり，自ら障害者として働こうという意識を持っている方々が中心となっています。なぜなら，一般就労では周りの理解がなく，仕事そのものよりも対人関係等の問題で離職・退職した人たちが多く，一定の理解・配慮のある障害者雇用の方がその後の定着を図れるからです。

Ⅱ 支援内容

1. 職業トレーニング

　事務やIT，企画，店舗運営などの仕事を実際に行ってもらうことによって，利用者の特性を把握する，いわゆるアセスメントを行います。このアセスメントは職業能力というよりは，仕事中，他の人を意識せずに平気で服をめくって背中をかく，ホウレンソウ（報告，連絡，相談）が苦手である，逆に意見や感想を述べすぎる，失敗すると大声を出す，休憩時間に平気でうつ伏せで寝てしまうなど人との関係でどのような問題があるかをチェックすることなどが含まれます。

　一方，トレーニング期間中に利用者ができた仕事の詳しいプロファイルをまとめ，企業へメリットを説明し就職の仲介を果たすことになります。1人ひとり違う特性を持つ発達障害の人たちにどのように接すればいいか，どういった強みがあるのかを，そのファイルを基に，企業にアドバイスすることができます。

2. 発達障害者を雇用している企業に対するコンサルティング

　主に障害者手帳がなく，一般就労をしている社員が抱える問題に対し，うつを中心としたメンタルヘルスケアなどを行っています。発達障害者の中には会社でオープンにしていない場合，対人関係や職場でのルールなどでさまざまな精神的プレッシャーを感じている人が多いのです。適切な管理がなされていれば，戦力になり得る人たちなので，発達障害利用者と会社の間に入ってコーディネーターの役割を果たします。

　第1の壁は，発達障害対応の知識・経験不足です。ほとんどすべての職場で，発達障害に関する知識・経験が圧倒的に足りず，適切なフォローができていま

せん。

具体的には，どのような社内研修が必要かがわからなかったり，どのようなプロセスで障害の認知や手帳保有，職場再配置を実行するかがわかりにくかったりするのが現状です。

また，センシティブな問題であり，「障害」についての話題を本人に持ち出すのは，人事や上司では難しく，外部組織に頼るほうがスムーズに行くケースがあります。

3. Kaienのアプローチ：「適職探し，職場環境設定，上司向け研修など」

多様な職場不適応の問題に対し，約700人の発達障害の登録者から得たKaienの知見を活用したご本人向け，上司・管理職向けの研修を実施し，活用しています。また適職探しや職場環境設定，指示の出し方など日々の細かなコミュニケーションを含めた発達障害の方を管理する方法をコンサルティングすることで，問題の総合的な解決を目指します。さらに障害の認知，また手帳取得のプロセスやメリット／デメリットを，ご本人，人事部様，上司・管理職の皆様に説明しています。さらに，精神科医や臨床心理士，ジョブコーチなどとの外部ネットワークを築く方法もアドバイスしています。

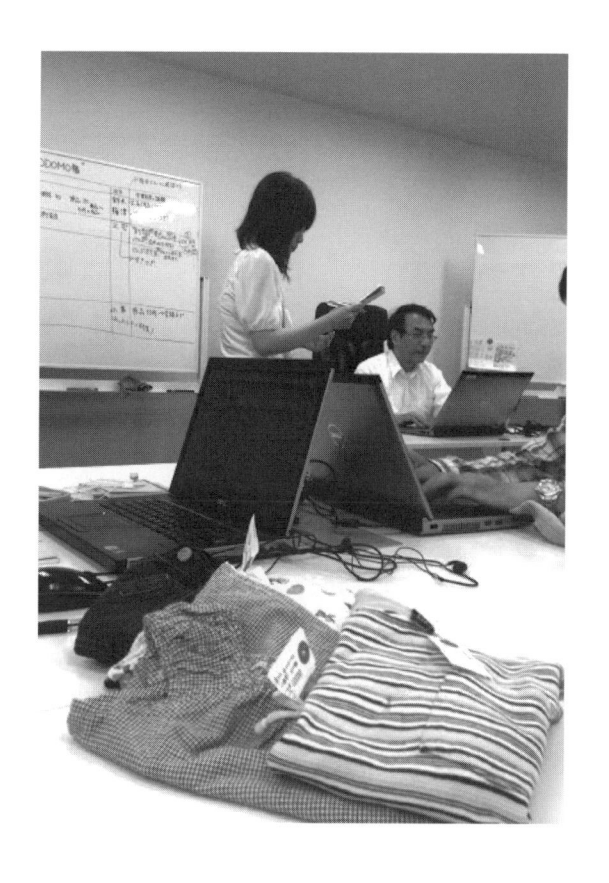

第3章　ユニークな会社

8 Specialisterne

I　会社概要

　スペシャリスタナは，ビジネス業界における競争的立場において自閉症スペクトラム障害者の特性を利用したデンマークの社会的革新企業です。

　スペシャリスタナは，デンマークの一般企業のためにソフトウェアの検証，品質管理，データ変換などのサービスを提供しています。さらに，アカデミーセンターという3年間の職業訓練学校を設立し，ビジネス分野の要求に合うように自閉症スペクトラムの人のアセスメントやトレーニングを行っています。

　また，障害がある人に，マネージメント役割のしっかりとしている働く環境を提供しています。スペシャリスタナのスタッフは，自閉症スペクトラム障害の社員のために，彼らが能力を活かせるような可能性のある環境を作り出しています。

写真8-1　スペシャリスタナが入っているビル

Ⅱ　歴史

　創設者であるソルキル・ゾンネ氏の息子は3歳の時に「知的には正常な幼児自閉症」と診断を受けました。ゾンネ氏は3年間デンマーク自閉症協会の支部長を務めました。そこで彼は，労働市場において自閉症の人が持つ特殊な能力を活かす機会がほとんど与えられていないことを知ったのです。

　遠距離通信企業のIT関係の仕事に15年ほど従事した後，ゾンネ氏は自閉症スペクトラムの人たちの中に存在する潜在能力を見つけたのでした。

Ⅲ　現在

　スペシャリスタナは50人以上もの従業員を雇用し，その約75％は自閉症スペクトラムとの診断を受けています。本社はデンマークのコペンハーゲンにあります。

　センターサービスの機能は，自閉症スペクトラムの人のために個別の社会的・専門的能力を伸ばすトレーニングプログラムです。ここでは一般的な学校でされるような教育や職業的経験は期待されていません。

　職業能力のアセスメントして，「LEGOマインドストーム技術」が，自閉症スペクトラムの人たちの長所，意欲や今後伸びていく可能性を検出するためのツールとして使われています。

　センターサービスでは，細かいところや正確性に高い注意力を必要とするソフトウェアのテスト，品質管理，データや文書の入力作業などを行っています。そのような仕事はデンマークの企業や国際企業（TDC，グランドフォス，KMD，CSC，マイクロソフト，オラクルなど）でも必要とされているのです。

　アカデミーセンターでは，どのようにしたら「無能」を「有能」に変えるこ

とができるかという変換知識に焦点を置いています。この学校サービスでは「西洋タンポポ」モデル（「西洋タンポポ」は雑草としてしか見られていませんでしたが，それが本来は薬としてとても有効なものであるという例えから，自閉症スペクトラムの人は一見何もできないように見えて，機会を与えられると素晴らしい能力を発揮できるというもの）と呼ばれる肯定的な思考法に基づいたスピーチ，ワークショップが設定されているのです。

Ⅳ　スペシャリスタナの特色

　スペシャリスタナで働いている自閉症の人のIQ値は80〜120くらいと幅が広く，その能力に応じてデータ入力から始め，プログラムのバグ（虫）を取るデバッグという仕事，また一般的な事務職に必要なワード，エクセル，パワーポイントの操作，そして高度なプログラミングまで多岐にわたっています。
　ただ，我が国における一般企業のように面接から始めることはありません。なぜなら，面接ではほとんど対応できないのが自閉症スペクトラムの人の特性だからです。よって，実習を重視します。実習先はスペシャリスタナと同じ敷地内にあるIBM，ノキア，マイクロソフトなどと連携し，約5カ月間実施されます。自閉症スペクトラムの人は視覚優位であり，一つのことに集中するシングルフォーカスの才能，そして詳細な点に気づくという特性があるため，事務における校正のようなコンピュータープログラムのデバッグなどはきわめて特異な業務なのです。写真8-2はスペシャリスタナの事務所の中ですが，たった1名しか事務所にいません。他の人たちはすべて実習に出ているからです。実習先は写真8-3のようにスケジュールが貼られています。一番上のClausさんは月曜から金曜日までIBMで実習しているということが示されています。

写真8-2　コンピュータが設置された社内

写真8-3　職場実習のスケジュール

2008年の12月

スペシャリスタナはソルキル・ゾンネ氏によってNPOとして設立されました。

2009年の9月

スペシャリスタナは自閉症の人が社会性や対人関係の発達に焦点をおいて教育を得ることができる学校をスタートしました。

2010年の8月

デイビッド・ファーレル・ショー氏をゼネラルマネージャーとしてイギリスのスコットランドにも事務所を開設しました。このイギリスのスペシャリスタナはスコットランドにあるコミュニティ・エンタープライズの系列会社であり，スコットランド政府から提供された70万ポンドで設立されました。また，ビッグ・ロッタリー基金から40万7,000ポンド，グラスゴー市議会から3万ポンドを受け取っています。

2010年10月には，レオナルド・ダ・ヴィンチプログラムと呼ばれるヨーロッパ委員会生涯学習プログラムからの経済的援助も受けています。

　現在では，デンマークだけではなく，スウェーデンやイギリス，シンガポールに支店が設立され，またスコットランドやドイツ，アイスランドなどと連携し，スペシャリスタナのプログラムが広がってきています。

```
MEMO



```

企業をめぐってみて

Ⅰ　障害者雇用制度

　いくつかの企業を廻って感じたことは，どの企業も「障害者の雇用の促進等に関する法律」に基づいた障害者雇用を行っています。すなわち療育手帳や精神障害者保健福祉手帳を取得した障害者であることが前提となっています。その点では，2011年7月に発達障害者が精神障害者に含まれることになり，精神障害者保健福祉手帳が取得できることになったことは就労に大きな後押しとなったものと思います。また，一度雇用したらなかなか解雇することが難しい障害者に対して，とりあえずは3カ月間雇用して様子を見ることができるトライアル雇用も，企業側にとっては大変取り組みやすかったのではないでしょうか。

Ⅱ　支援機関

　発達障害者の雇用に関して，地域障害者職業センター等の支援機関の存在も大きな役割を果たしています。身体障害者や知的障害者と異なり，発達障害者とはどのような障害であるかが企業の人たちにとってはとてもわかりづらいのです。そのわかりづらさを障害者職業センターにおける障害者職業カウンセラー等の支援者が企業と発達障害者の間に入り，うまくコーディネートをすることによって企業も安心して雇用に取り組めるようになりました。

Ⅲ　ジョブマッチング

　能力にばらつきがあることが発達障害者の特徴だと言われています。自閉症スペクトラムの人のように対人関係やコミュニケーションは難しくても，視覚的刺激には強い能力があり，コンピューター等のIT関係では素晴らしい能力を発揮しています。すべてのことがまんべんなくできなくても，彼らの能力特性を把握し，彼らに合った仕事を提供すること，すなわち適切なジョブマッチングを行うことも就労定着における大きなポイントだと思います。

Ⅳ　親亡き後の居住を含めた就労支援

　諸外国と異なり，わが国では結婚して独立しない場合，働いていたとしても保護者と同居する人たちが少なくありません。パラサイトシングルと言われるそうですが，発達障害の方たちもアパートで独り暮らしをする人よりも保護者と生活している人が多いものと推測されます。このような場合，保護者亡き後に自立して生活をすることができず，そのため仕事にも影響を及ぼし，離職することにつながる場合が出てきます。

　そういったことも考え，職業的なスキルだけではなく，1人で生きていく生活スキル，いわゆるライフスキルを身につけておくべきです。これは1人ですべてのことをこなしていかなければならないという意味ではありません。できるところとできないところを明確にし，できないところは何らかのサポートを受けてもいいでしょう。ただ，食生活や洗濯など，保護者が行っていた支援は自分でできるようにスキルを身につけておく必要があります。どのようなライフスキルが必要かは発達障害の人によって，また居住する地域によっても異なるでしょう。できるだけ早期からそのようなスキルを身につけておくことが必要です。

V 発達障害者理解啓発と自尊感情

　そして何より大切なことは，発達障害者そのものを変えようとするのではなく，彼らの障害特性を一緒に働く同僚や上司が理解し，彼らが行った仕事に対して，正当な評価をしてあげることがきわめて大切なことだと考えます。発達障害の人たちは子どものころから親や教師に叱られ続けたり，友だちにいじめられたりした経験が多く，「自分は人とは違う，人と同じことができない」と常に自信を失っていることが多いのです。そのため，就職しても自分はうまく仕事ができるのだろうか，と不安な心理状態を示している場合も多々見られます。しかしながら，できた仕事が評価されることによりセルフエスティーム，いわゆる「自尊感情」が高まり，自分も社会に貢献しているんだという自信が身について，やりがいを持ちながら仕事に取り組むことができるのです。

　障害のある人たちは障害があるからできないのではなく，まだ学習していないと考えるべきだといわれます。仕事ができないのではなく，その人に合った仕事ではなかったり，仕事を学習する際に，その人に合った学習の仕方ではなかったりしたのかもしれません。よって，支援する側が彼らに歩み寄り，彼らに合った仕事を提供し，彼らにわかりやすいような学習の仕方を検討してあげることも企業，支援者の役割の1つだと考えます。

MEMO

第Ⅲ部

雇用のポイント

第4章
各企業における発達障害者雇用の工夫

　独立行政法人「高齢・障害者・求職者雇用支援機構」が障害者雇用に実績のある企業に対して毎年障害者雇用職場改善好事例を募集しています。過去には身体障害者，知的障害者，精神障害者それぞれにおいて職場改善好事例集が選ばれていましたが，平成23年度は75社の企業から応答があり，特例子会社だけではなく一般企業も数多くあった中で，選ばれたのは発達障害者を雇用している企業でした。このように発達障害者の雇用に積極的に取り組んでいる企業は年々増えていることがわかります。

　以下，いくつかの企業の改善策を紹介します。

MEMO

富士ソフト企画株式会社

❶ 事業所と支援機関による継続的なサポートのもと，発達障害の従業員自身の障害理解が深まる

　普通高校卒業後，発達障害との診断を受けて就職した斉藤さん。職場では，「パソコン操作は覚えられるが業務の背景が読み取れない」「話をするうちに，論点がずれてしまう」等コミュニケーションに係る悩みを抱えていました。職場内の職業コンサルタントによる月1回の面談により業務の流れを調整するとともに，発達障害者支援センターの担当者から「作業ノートの活用により，自分の仕事の仕方や癖を知り，それを補う必要がある」との助言を受け，日々の仕事の中で，「指示が分からない」「認識がずれている」と感じた場面を記録し，面談の際に助言を受けています。就労後5年たった現在も，事業所と発達障害者支援センターによる継続的な支援を受け，斉藤さんは自身の障害についての理解が深まり，対応方法を習得。また，就職した当初は，自身に向いていた意識が，5年たった現在は，事業所や他者にも向くようになる等，大きく成長しています。

❷ 外部研修を利用した管理職研修を通じて，発達障害の従業員に対する理解を深める取り組みを実施

　発達障害の従業員の増加に伴い，従業員同士のトラブルや社内研修や障害者委託訓練におけるトラブルが発生しました。そこで，まず社長および管理職が，発達障害に関する外部研修を受講し，その内容を職場内に伝達研修により伝えることにしました。伝達研修の後には，発達障害の従業員に対する他の従業員（障害のある従業員を含む）の理解が進み，多少のトラブルがあっても周囲が

動じなくなりました。

　また,「○○君」「○○ちゃん」という呼称を廃止し,「○○さん」と呼ぶようにする等,一人の大人,社会人として尊重しあうようにしました。

　さらに,「笑顔の挨拶で賞」「清掃プロジェクト賞」等の表彰制度を定めることで,発達障害の従業員のモチベーションを高め,ルール遵守力,職務遂行能力,集中力が高まるように工夫しました。これらの取り組みにより,発達障害の従業員の勤務態度や,ルールを守る姿勢が改善し,また,発達障害について学ぶことで,発達障害の従業員以外の従業員の成長にもつながっています。

❸ 企業からの発注の増加に伴い, 発達障害の従業員のスキルアップを実施

　WEB制作チームでは,それまでの発注元が,社会福祉法人やNPO法人が多かったのですが,一般企業からの発注が増加したため,高いスキルや,短い納期の中での納期厳守,またコンペに勝つための技術力やデザイン力を身につける必要が生じてきました。そのため発達障害の従業員に対して,さまざまな国のデザインや色彩を学ぶための研修会や展示会に参加する機会や環境を提供し,外部からの刺激を常に受けられるようにしました。また,WEBの作成においては,モデルとなるWEBを真似る,ひねりを入れる,一度そこから離れるという方法を繰り返し,斬新なアイデアやデザインを表現できるようにしました。これらの取り組みにより,国際WEB基準に沿ったHPを作成するだけの技術力を身につけるとともに,新たなプログラミング言語を習得し,動的なWEBサイトの制作が可能となりました。

④ 発達障害の従業員の特性を活かすことで納期を短縮

データコーディネートチームでは，既存の業務として空手大会のトーナメント表・プログラムの冊子作成業務がありました。これは，500名～1,700名の大会にエントリーした者のトーナメント表を作成する業務です。発達障害の従業員の人が持つ記憶力を生かせる業務であるものの，こだわりが入りやすい業務であることより，VBA（Visual Basic for Application）を活用した右記のようなプログラムを組み，業務の流れを改善し，発達障害の従業員に担当してもらうことにしました。発達障害の従業員の持つ，記憶力やチェック機能を生かせるとともに，2008年には2,000時間かかっていた作業が，2011年には800時間で行えるようになる等，業務効率が大きく改善し，その結果，障害者の職域拡大のためのプログラムの作成や社内研修に時間を活用できるようになりました。

> （参考）プログラムの内容
> 1. 同門，同系対決の初対戦を回避するよう，プログラムを作成。
> 2. 申込者の重複欠落を回避するよう，プログラムを作成。
> 3. チェック作業の自動化プログラムを作成。（人海戦術で行っていたが，こだわりの回避のため自動化プログラムを作成）
> 4. トーナメント表の公開により，いつでもチェックできるようにする。

5-1 社内研修を通じて、発達障害の従業員の行動面の課題を改善

　Sさんは、語学に関する社内研修中に講義に集中できず、時には立ち歩くことがありました。また、話し始めると、話し続けてしまったり、他者が話している時に割り込むこともありました。そこで、復習テストを実施することで自然と講義に集中できるようにするとともに、習得した知識は他者に教えてもよいこととしました。また、発言の際のルール（許可を得てから話す）を決めました。その上で、他者に対する不適切な言動が見られた際は、個別指導を行いました。これらの取り組みにより、5点満点で最初は2点、3点だった復習テストが、後半には5点満点が続くようになり、パソコンスキルも向上、他の従業員へのフォローができるようになりました。また、許可を得てから発言する習慣がつき、落ち着いた対応、丁寧な返答、挨拶ができるようになりました。これらの結果、周囲もSさんと安心して付き合うことができるようになり、周囲のSさんに対する評価も向上しました。

5-2 社内研修を通じて、発達障害の従業員の行動面の課題を改善

　Tさんは、パソコン操作に関する社内研修中に講義に集中できず、研修中は寝てばかりでした。また、他者とのコミュニケーションが苦手で、意思表示も少なかったので、課題の中に単純な入力作業だけでなく、難易度の高いグラフや関数の課題、Tさん自身が作成した課題を取り入れるとともに、午前、午後の1日2回、声に出して挨拶の練習を行いました。これらの取り組みにより、Tさんは、研修中に寝ることがなくなり、また、難易度の高い課題や自身で作成した課題を取り入れたことで、分からない点を自分から質問する、自身で作

成した課題について説明することが可能になりました。また，課題を時間内に完成させたいという気持ちも見られるようになり，積極的に研修に参加するようになりました。さらに継続的な挨拶の練習により，挨拶や丁寧な返事ができるようになりました。

MEMO

大東コーポレートサービス株式会社

① 公共の場での振る舞い，会話時の対応等で課題を有する発達障害の従業員に対して SST の活用により改善を図る

　以下の課題が発生した発達障害の従業員に対して，SST の手法を活用し，課題改善を図りました。

○エレベーターの不適切な使用により親会社従業員からのクレームがきた際は，良い例をモデルとして見せ，実際にエレベーターも活用しながら，ロールプレイを行いました。
○ルールにこだわり，会話時に正論で話すためにトラブルが発生した際は，「こんな時どうする？」シリーズで取り上げ，会話時の相手の話の受け方や自分からの伝え方，怒りや不愉快な気持ちの伝え方を学ぶ機会を設けました。
○質問の時間が長引き，業務に影響が出た際には，ひとり SST の中で会話時の相手の話の受け方や自分からの伝え方，会話の終了の仕方を練習しました。

　これらの取り組みにより，エレベーターはマナーを守って利用することができ，クレームがなくなりました。また，自分の意見を相手にわかり易く伝える，質問がある時には決められた時間内で終わらせる等ができるようになりました。

◎ここがポイント◎

　発達障害の従業員の場合は，口頭で説明したり，抽象的な説明をしても，行動や問題が改善しにくい場合があります。その場合，SST の手法を活用し，具体的にどのように行動すればよいかを伝えることで行動や問題が改善しやすくなります。なお，ひとり SST とは，集団での SST ではなく，指導者との 1 対 1 で行う SST のことです。

❷ 発達障害の従業員が，職場あるいは職場以外の場面で，マナーやルールから逸脱した行動が見られたため，対応方法を検討

個別対応と全体に対する研修の実施により課題を改善しました。

○職場で過ごすために必要なマナーやルールが身についておらず，パソコン入力中に勝手に席を移動する，事業所外のトイレに行く，勝手に指示を出す等の行動が発生した。このような場合は，各従業員ごとに必要なマナーや業務スキルの向上について「2週間目標」としてあげ，2週間，その目標を守れたかどうかについて，毎日，職業生活相談員（以下「相談員」という）と「振り返り」を行うことにしました。

○通勤電車内で，自分を見て笑ったという理由で，相手の頬を叩く行為や，職場で好きな異性の身体に触れる等の行為が見られた際には，社会生活のルールを学ぶ機会として従業員全員に向けた研修を実施しました。併せて，個別対応にてやってはいけないことを明確に伝え，不適切な行為の際の経過を本人に文章で書かせ，自分の行為についての「振り返り」も行いました。

　上記の取り組みの結果，職場で過ごすために必要なマナーやルールは，「2週間目標」として事業所内へ掲示。毎日「振り返り」を行うことで，目標を守ることが定着し，各従業員の問題行動が減少しました。マナーやルールから大きく逸脱した行動については，「振り返り」を行わせることで，発達障害の従業員が「重大なこと」として認識し，一定時間経過後も注意喚起ができ，その後のトラブル防止につながっています。

③ 4人の相談員の役割の明確化，担当業務の拡大，情報の視覚化により発達障害の従業員の仕事のしやすさと，モチベーションを向上

　相談員が4人いるため，発達障害の従業員は，誰に報告や質問をすればよいか分からず，迷ったり，自己判断で進めてしまったため，ミスが多発していました。また，従業員間で業務の習得状況に差が生じていたため，各従業員の職域拡大とスキルアップを目指す必要がありました。そのため，従業員にさまざまな業務を担当させると共に，相談員の当番表を作成し，全体の指示を出す担当者，難易度が高い業務の担当者を決め，発達障害の従業員が誰に報告や質問すればよいかについて分かりやすく表示しました。相談員の役割を明確にすることで，発達障害の従業員が，迷いなく報告ができるようになると共に，相談員も情報が一元化されたことで，業務の割り振りの変更も容易になり，業務を漏れなく遂行しやすくなりました。

④ ゲームの有効活用により，問題行動が減少。ゲームのトレーニング効果によりコミュニケーション能力，業務スキルも向上

　昼休みの空き時間になると，発達障害の従業員の中に，他企業のフロアに出歩く，従業員同士が些細なことで口論する等の様子が見られました。また，計算能力等業務に必要なスキルをトレーニングする機会を業務時間中に作ることができていませんでした。そこで，業務に必要な漢字や計算などを使う学習ゲームや海外の珍しいゲームを会社で準備し，参加したい従業員は自由に参加できるようにしたところ，ゲームを始めてからは，休憩時間中の問題行動が減少すると共に，中でも学習障害の従業員が簡単な足し算や引き算を覚え，計算機も使えるようになったり，シュレッダー処理済みの袋の集計作業が素早く行えるようになる人もいました。また，ゲームの状況を見ることで，その従業員の理

解の仕方が分かったり，ゲームの中でリーダーシップを発揮する場面も見られる等，仕事中には気づかなかった能力の発見にもつながることになりました。

さらには，ゲームの中での自然な会話，ルールを守る意識，助言をしあったり，相手ができるまで待つ等，フォローしあう社会性の向上も見られるようになり，結果としてゲームを通じて対人コミュニケーションが養われました。

> ◎ここがポイント◎
> 発達障害の従業員の中には，休憩時間の過ごし方が苦手な方がいます。本事例では，休憩時間に行うことを決めることで，問題行動の発生を防ぐとともに，副次的に，マナー・ルールの習得や，業務に必要な能力の開発につながりました。

MEMO

トーマツチャレンジド株式会社

❶ 視覚に訴える指示，表示を行うことで，見通しをもった安定した作業遂行をサポート

　発達障害の従業員は口頭による説明だけでは，指示の内容について思い違いをしやすい，指示されたことを忘れやすい，同じ質問を繰り返す様子が見られ，作業理解や作業遂行がスムーズに進まないことがありました。そのため，作業指示に際しては，画像を取り込んだ手順書を作成し，口頭で二回説明した後，復唱させると共に，質問があった場合は手順書をもとに説明する等，体系的な指導を実施しました。また，業務別に1日のスケジュール表を作成し，1日の作業の流れを視覚的に確認できるよう配慮しました。メール業務においては，メールの到着時間，メール回収が終わったかどうか等を，次の業務のキーワードと予定時刻が記載された「めくり板」の活用により表示し，漏れなく作業が行われるように工夫しました。また，文具等の在庫管理補充業務においては，在庫の状況が把握しやすい表示を行い，ミスなくタイムリーに文具等を補充できるようにしました。上記対応を行う中で，手順書による理解の促進，スケジュール表による時間管理が可能になりました。また，視覚に訴える表示によりミスが減少し，見通しをもった取り組みが可能になる等，発達障害の従業員が安心して作業に取り組めるようになりました。

❷ 指導スタッフと障害者がチームで親会社の業務を担当することで，親会社担当者と障害者双方の不安を解消

　特例子会社を設立したものの，障害のある従業員の作業場所が十分確保できなかったこともあり，親会社の各部門で業務を実施することとしていましたが，

親会社の担当者が対応に不安を感じていました。また，親会社の職場に入る発達障害の従業員も，依頼された多岐の業務を円滑に遂行するためのスキルを必要とされていました。そこで，それぞれの業務で必要とされる能力を見極めた上で，指導スタッフ，および業務に必要な能力を有した障害者がチームとなって業務を実施することにしました。具体的には，契約書受付業務の場合，契約書の台帳作成，リスクチェック，契約書の配布，メール送信，送付状の作成等，多岐にわたる業務を遂行しています。指導スタッフの配置により，親会社担当者，障害者双方の不安の解消を図るとともに，障害特性（強み）を活かしたことで，業務の効率化，自信，モチベーションの向上につながり，親会社からの業務依頼の相談が増加しました。このような流れを作ることにより，どの部門からも，最初に契約した作業よりもレベルアップし，新たな業務の依頼があり，自然とスキルアップする流れができると共に，業務量の確保や職務創出もスムーズになりました。

❸ 職場のマナー・ルールの習得により親会社からの評価が向上

　親会社で共に働くためには，職場のマナーやルールの理解が必要でしたが，発達障害の従業員には課題が見られました。例えば，会社設立後間もない頃は，「エレベーターでの乗り降りのマナーが悪い」，「挨拶の声の大きさが適当ではない」等，発達障害の従業員に対する指摘が多く見られました。そのため，個別の事項について，その都度適切な行動について徹底した指導を行いました。また，全体でのマナー研修（参加型，テスト形式による）を実施し，毎回優秀者1名を表彰する，マナー研修の総合評価表を作成する，マナー研修を踏まえた個人面談の実施などにより，改善を図っています。なお，この研修および総合評価表は，指導の一環という位置づけに加え，発達障害の従業員の意欲が向

上する機会ともなるよう，できるだけ良い点を見つけ，その点をコメントするよう配慮しています。これらの取り組みの結果，事業所内における挨拶やマナーに対する評価が向上し，発達障害の従業員が注意を受けることが減少しました。

❹ 問題解決のための面談の実施，目標日誌の活用

　発達障害の従業員は，問題が起きた際に，上手く言葉で表現することや，指導スタッフの説明を理解するのが苦手で，悪気はないものの同様の問題を繰り返す傾向がありました。

　そのため，1カ月に1回，課題・成長したこと・悩み等について，1対1での面談を行っています。また，目標日誌を作成し，個々の課題を明確にすると共に，対応方法について助言を行っています。加えて，指導スタッフ間のケース会議の実施により，同一の指導方針による指導の実施，個々の履歴票・面談票を作成し，ファイル化することによる情報共有を意識した対応を行っています。さらに，生活面の指導など事業所のみでは分からないことは，支援機関に相談し，タイムリーな課題解決を図ることにしました。これらの取り組みの結果，問題行動の減少と，問題の早期の解決につながっています。

MEMO

株式会社良品計画

① トップダウンによる障害者雇用の推進により，発達障害者を含めた，障害者雇用推進の仕組みを構築

　本部での障害者雇用だけでは限界があったことより，ハートフルプロジェクトを促進。「ハートフルモデル店舗」では店長をはじめ若いスタッフが多く，発達障害に対する固定観念も少ないことから，障害理解もスムーズでした。なお，店舗においては，バックヤードだけでは業務が限定されることから，店舗で働ける障害者の雇用を促進しました。発達障害者の場合も，各店舗の従事作業の中で，本人が対応できると判断した作業は実施させると共に，当初できると判断していても，苦手であると判断した場合は，作業の変更，作業指示の方法の変更等により対応しています。このハートフルプロジェクトの推進により，対人業務が苦手とされていた発達障害者も，その能力に応じて店舗における雇用が実現しています。

ハートフルプロジェクトとは

　社会的責任を果たし，良品ビジョン（働く仲間の永続的な幸せ，仲間を信じ助け合い，ともに育つ）の実現のため，障害者の方にも「働きがいのある会社」となるよう障害者雇用を進め，また，雇用の場を店舗に拡大することを目指しています。

ハートフルモデル店舗とは

　会社が認定・評価・支援した障

◎ここがポイント◎

　障害者雇用の推進にあたり，ペナルティを課すのではなく，ハートフルモデル店舗のように，受け入れ事業所を評価し，その事業所での障害者雇用を進める方法が有効です。

害者雇用を推進している店舗です。ハートフルモデル店舗に指定されることが，店舗として評価されることでもあるので，他の店舗でも障害者を受け入れたいとの声が聞かれています。

❷ 採用前後の本部としての一貫したサポート体制の構築

障害者雇用を進めるにあたり，採用選考時・採用前・採用時，採用後の各段階において以下のような，店舗に対する本部のサポートを実施。このような取り組みを行うことで，初めて障害者雇用に取り組む店舗も，発達障害者を含む障害者も安心して働くことができています。

時期	サポート内容
採用選考時	①人事課及び相談員によるスクリーニング ②就労支援機関の確認 ③障害状況の確認
採用前	①配属先店舗の確定 ②上司,店長への説明 ③支援機関への配慮事項に関するプロフィール表の作成依頼 ④ジョブコーチ支援依頼
採用時	①本部研修 ②大型店舗研修後に配属先店舗で勤務
採用後	①本部による支援 ②支援機関の活用による支援

❸ 支援機関から提出してもらう「プロフィール表」等を参考に障害特性に応じた配慮を実施

支援機関から提出された「プロフィール表」等を参考に，個々の発達障害者の障害特性に応じて，以下のようにさまざまな配慮を実施しています。

○品出し作業の方法が理解できない，又は品出し作業に時間がかかる場合は，実際に品出しを見せるといった具体的な指示と，倉庫内の環境整備により品出し作業が正確かつ効率的に実施できるようにしています。

○計算等が苦手な場合は，苦手な状況を把握の上個別に対応。例えば，暗算が苦手な場合は，計算機を使用する又は計算しない業務とする。日付の前後の判断が難しい場合は，製造日の早いものを手前に陳列する作業は避ける。レジ操作はできても暗算が苦手な場合はレジは受け持たせないようにする等です。

○読み書きが苦手な場合は，筆記しなくてよい環境とする，図を利用する，指示はできるだけ具体的にする等の対応を行っています。なお，発達障害の従業員に限らず，作業マニュアルの作成に際しては，図表やイラストを多用した視覚的に理解しやすいマニュアル作成を行っています。

○発達障害の従業員が集中しすぎて疲労をためやすい場合は，一定時間，業務を行った後には，休憩を入れることにより，疲労をためないよう配慮しています。

❹ 支援機関の活用により，相談体制を整備

各店舗における受け入れに際しては支援機関のサポートを前提としています。店舗は全国各地に点在しているため，発達障害の従業員の受け入れに際しては，各都道府県の地域障害者職業センターのジョブコーチ支援およびトライアル雇用を活用しています。また，雇用を進めるにあたり，本人の特性をまとめたプロフィール表を提出してもらうとともに，店舗ごとに作業スケジュールや手順書，業務振り返りシートなどを支援機関と相談しながら作成しています。また，職場定着にあたっては，店長と本人（必要に応じて支援機関）の面談を実施し，課題解決に向けて取り組むとともに，生活面の課題については地域障害者職業センター等の支援機関との連携のもとに支援を実施しています。

第5章
支援の具体例

　ここでは，発達障害の方々を雇用したさまざまな会社が職場配置や仕事の指導に工夫された結果をまとめることにします。

　発達障害の代表ともいえる，自閉症スペクトラムの人たちに対するトータルサポートで世界的に有名な米国ノースカロライナ州で実施されているTEACCHプログラムでは，成人になった自閉症スペクトラムの方々にさまざまな就労支援を行っています。そして過去に就職して適応できなかった（定着できなかった）自閉症スペクトラムの方々を調査したところ，退職理由は仕事そのものができないのではなく，仕事に対する意欲の低下や対人関係の難しさから来るものが多かったことがわかりました。TEACCHでは，この実際に従事している作業における能力を「ハードスキル」と呼んでいます。これに対して，作業以外のさまざまな問題，対人関係スキルや仕事に対するモチベーションなどを「ソフトスキル」と示しています。そして，離職・退職要因の2割がハードスキルであったのに対し，対人関係等のスキル，いわゆるソフトスキルの問題で退職した自閉症スペクトラム障害の人たちは8割に達することが報告されています。

　つまり，発達障害の人の就労支援は単に仕事ができるようにするだけでは十分ではないのです。

　それでは，ハードスキル，ソフトスキル双方においてどのような支援がなされているかを考えてみたいと思います。

I　ハードスキルにおける具体的支援

　先に述べたように，ハードスキルとは実際に従事する職務の遂行能力のことを意味します。とりわけ知的障害を伴う自閉症スペクトラムの人や読み書き計算に困難性を示すLDの人たちに対する支援として次のような支援がなされている企業が多いようです。

1. 仕事を小分けにする

　これは，複数の業務を同時に遂行しようとして，どの仕事もうまくできない場合などに行う支援です。作業工程を細分化し，ひとつひとつの業務に取り組むことにより，集中力を持続することができます。これは，2つの業務を同時に行うような場合でも，まずは1つずつ行わせることも同じです。

2. 口頭指示ではなく，絵や写真などの視覚的マニュアルを作成する

　一般に自閉症スペクトラムの人は言葉によるコミュニケーションが難しいと言われています。その一方，絵や写真などの視覚的な刺激にはとても敏感で，理解しやすいことが報告されています。よって，実際に行う業務を，プラモデルの作成手順のように視覚的マニュアルを作成することによって，作業遂行を促すことができるのです。

3. 抽象的表現は使わない

　日本語でよく用いられる指示代名詞や副詞に「こそあど」というものがあります。「これ」「それ」「あれ」「どれ」「ここ」「そこ」「あそこ」「どこ」「こんな具合」「そんな風に」「あんなように」「どんなこと」などです。指示している本人はわかっていても，指示された側はとてもわかりづらいのです。「これ

を向こうの棚に積んでおいて」と言っても，何をどこの棚に，どのように積むのかはかなり主観的なものです。よって，「ここにある段ボール3個を壁の1番向こうにある"備品"と書いてある黒い棚の1番上に名前がわかるように前向きに並べて置いてください」というように，誰が聞いてもわかるように具体的に説明すると良いでしょう。できればモデルを示してあげるともっとわかりやすくなります。

4. スケジュールを視覚的に提示する

　時間概念を理解するということは発達障害の人には難しい場合があります。そのため，作業の指示書だけではなく，1日の業務スケジュールも絵や写真などを用いて視覚的に示すと良いでしょう。これは，職務内容が変わることだけではなく，お昼の休憩や1日の仕事の終了時間なども含まれます。

5. 自分の職務行動をビデオに録画して確認する

　作業中無駄な動きをしてスピードが遅い場合など，発達障害者本人が他の人と比較することができない場合があります。そのようなときは，発達障害の人が従事している職務行動をビデオで録画し，それを上司や支援者と一緒に確認すると，無駄な行動や何もしていない行動が多いことがわかり，職務そのものを見直すことができるでしょう。

6. 適度に休憩を入れる

　とりわけ入社当初は長時間の業務に慣れていないため，緊張感や体力不足から疲れを生じ，ミスを生じたり作業遂行量に波が出てくることがあります。そのような場合，5分程度の短い休憩を挟むことも効果的です。トイレに行く，顔を洗う，深呼吸をする，ガムを噛む，軽くストレッチをする，水分を取るな

ど短時間で行えることを挟むことにより，切り替えができるでしょう。

7. 特定の担当者を配置する

　職場内に発達障害の人に対する支援を専門とする人を配置することは彼らにとってとても精神的な安心感をもたらすことができます。先に述べた富士ソフト企画株式会社（29，63ページ参照）では，「職務遂行援助者」「職業コンサルタント」「第2号職場適応援助者（ジョブコーチ）」といったさまざまな支援者が配置されています。それぞれに役割は異なりますが，このような多数の人員配置ができない場合でも，特定の担当者を配置することが必要です。

8. 支援者間で指導方針を統一する

　本来であれば，先に述べた第2号ジョブコーチ（用語解説参照）のように職場内で支援をする人を限定することが望ましいのですが，支援者が出張や休みを取るなどのことがあると，違う上司や支援者が担当することもあるでしょう。その場合，支援の方法が異なると発達障害の人はどのようにしたらいいのか混乱してしまうので，支援者間で発達障害の人に対する指導方針を統一しておくことが望まれます。

9. 失敗したときに叱るのではなく，わかりやすく説明する

　失敗は誰にでも生じます。ただ，その際に頭ごなしに叱ってしまうと，自尊感情がますます損なわれ，仕事に対する自信もなくなってしまいます。仕事のミスをした際には，どのようなことが失敗だったかという結果をしっかりと本人がわかるように示すことがいいでしょう。これも，できるだけ具体的に「ここがこのように間違っている」と本人が理解し，確認できるようにすべきです。

10. 作業スピードが遅い場合は，その原因を行動観察してみる

　作業スピードが遅い場合，不器用だとかさぼっているといった行動ではなく，職務遂行の手順が混乱している場合などがあります。そのような場合はワークシステムを検討することによって改善できる場合があります。ワークシステムとは，作業の流れを左から右に並べる，部品に名前を付ける，使いやすい道具を用いるなど，発達障害の人がわかりやすいように職務環境を整理することを言います。そして，1日の作業量などをグラフ化し，最低限ノルマのラインを視覚的に示したりすると，良いかもしれません。

11. 1日の仕事を振り返るシートを作る

　毎日，遂行した職務について，日記のような形でまとめてもらい，それを支援者，保護者などが読んでコメントをつけるようなシートがあると，発達障害当事者，職場，家庭の3者が共通認識を持てるため，とても役に立ちます。できれば，仕事の遂行結果に対して，「よくできた」「ふつう」「あまりよくできなかった」，あるいは〇△×や1，2，3などの評価基準を設け，発達障害の人と支援者間で評価するのもいいでしょう。異なった評価となった項目について，どこが違うのかを検討できる材料にもなるからです。

12. ハードスキルにおけるその他の注意点

　以前は障害のある人には単純定型反復作業が合っていると言う人もいましたが，必ずしもそうとは限りません。とりわけADHDの人などは集中力が続かなかったり，注意力が散漫になることがあります。そのため時間帯によって業務内容を変えることも必要です。ある自閉症スペクトラムの人は午後になると独り言が増えてしまうことがありました。よって，午後からの職務は座って行

うものではなく，製品集荷など，身体を動かすことで気分転換を図ることにより，独り言が減少したということもあります。

Ⅱ　ソフトスキルにおける具体的支援

　先に述べたように，発達障害の人の離職・退職要因の2割がハードスキルであったのに対し，ソフトスキルの問題で離職・退職の人たちが8割もいるということは，こちらの支援の方がより重要であることがわかります。

　ソフトスキルと呼ばれる職務遂行能力以外の問題を検討する上でもっとも大切なのは，職場の人間関係，ひいては自分がこの会社で役に立っている，必要とされているという自尊感情です。

1. 相談時間を設ける（予防就労支援）

　医学に予防医学というものがあります。ガンにならないためには椎茸などのキノコ類を取るといいと言います。就労支援においても同様で，何か問題を生じても，それを放っておくと積もりに積もって取り返しが付かなくなってしまうことがあります。よって，小さな問題でもすぐに解決しておくという予防就労支援が必要となります。本人に困ることが生じたときに，上司や支援者はできるだけこまめに相談時間を設けて，解決していくことが定着支援にとても有効なのです。

2. 口頭でのコミュニケーションにこだわらない

　発達障害の人の中には1対1で面と向かって話をするのが苦手だったり，また自分の意見をまとめて話すことができない人も数多くいます。そのような場合は，メールでやりとりをすることも有効です。言葉よりも文字の方が視覚的

に理解しやすいからです。

　また，何かを選択しなければならないときなどは，いくつかの候補を示し，選ばせるということも有効です。できればそれも視覚的に文章化しておくと，わかりやすいでしょう。

3．職場の対人関係については，マナーやルールの形で指導する

　一般に発達障害の人たち，とりわけ自閉症スペクトラムの人たちに「場の空気を読む」とか「相手の立場になって考える」などのスキルを身につけてもらうには限界があります。しかしながら，身だしなみや他人にとって迷惑な行動を放置することはできません。そのような場合は，「職場のマナーやルール」という形で指導するとよいでしょう。このマナーやルールは企業の文化によっても異なるため，実習などで生じた問題行動を整理し，「そのような行動を行ってはいけない」という指導ではなく，このような場面では「こういった行動をする」といった教え方の方が理解しやすいと思われます。職場のマナーやルールについては，地域障害者職業センターに「職場のマナーやルール」というビデオも配置されているため，借りて発達障害の人の指導に使用することもできるでしょう。

4．家族の協力を得る

　ソフトスキルの問題を未然に防ぐためには家族の協力も必要です。職務そのものではない問題のひとつに物忘れがあります。職場で装着する作業着を週末に持ち帰って洗濯し，その服を月曜日に持って行くのを忘れてしまってパニックになった自閉症スペクトラムの人がいました。また，ADHDの人の中には極端に不注意な人もいます。このように，持って行くものやしなければならないことを忘れてしまうこともあるでしょう。そのような場合には家族にも協力

してもらい，確認のチェックシートに記入してもらうなどの援助を得ることも必要です。連絡帳によって，家族も会社も情報を共有し，共通認識を持つことにもつながっていきます。

5. ひとりで休憩できる場所を設定する

あるデパートで働いていた発達障害の人が昼休みにひとりで自動販売機の前に座っていました。それを見かけた上司が同僚の人たちに話しかけるように指示したところ，パニックになってしまった人がいました。自閉症スペクトラムの人の中には人と接触するよりもひとりでいることが好きな人がいます。本人や家族から情報を収集し，昼休みの過ごし方はひとりきりにさせるというのも彼らにとってはありがたい支援なのです。

6. 何か目標を持つ（アビリンピックなど）

発達障害の人の中には職務そのものに対して意欲やモチベーションが湧かない人もいます。そのような場合には，彼らにわかりやすく，また達成可能な目標を持たせることも有効です。職能技術のオリンピックといわれるアビリンピックに参加させるのも一法です。他者から評価されることにより仕事に対する興味や関心が増加する場合もあるからです。

7. 柔軟な勤務形態から始める

精神障害者の雇用制度の1つにステップアップ雇用というものがあります。これは，短時間就労（1日に数時間）から始め，慣れて来るにつれ少しずつ時間を延長していく雇用制度です。平成23年の7月の「障害者基本法」の改正により発達障害者は精神障害者に含められるようになりました。よって，このようなステップアップ雇用を利用することを検討しても良いでしょう。また，

毎日出勤することを限定せず，週に数日間だけ職務に従事し，残りを就労支援関係機関で相談や訓練を受けるという形や，パートタイムからフルタイムまで雇用形態を決めつけずに柔軟に対応することが有効な場合があります。

8．支援機関を利用する

　発達障害のある人たちの就労支援を行っている機関には地域障害者職業センター，就業・生活支援センター，発達障害者支援センター，就労支援センター，若者サポートステーションなどさまざまな機関があります。このような機関の職員は発達障害の特性に詳しく，職業適性や職場配置，また職場でのマナーの指導等，専門的視点から支援を行ってもらえます。よって，企業と発達障害当事者との直線的な関係だけではなく，ある意味では通訳者のような役割として支援機関の人たちに入ってもらうことが望まれます。

9．もっとも有効なアセスメントは職場実習

　企業の側面から発達障害者を雇用する上で悩むことは，「発達障害とはどのような障害か」「どのような仕事なら遂行可能なのか」「どのような支援が必要なのか」などが考えられます。車椅子の人であれば，移動におけるスロープやエレベーター，改造トイレなどの問題，知的障害の人であれば簡単で危険性のない作業などが予測されますが，発達障害の人のイメージは湧きにくいのではないでしょうか。そのため，地域障害者職業センターなどの援助を受けて職業適性検査などのアセスメントが実施されますが，手先の器用さやペーパーでの職業適性だけでは把握できないのが発達障害者の能力特性です。

　職業能力の評価（アセスメント）でもっとも有効なのは実際に仕事に従事させて，何ができるのか，何が問題なのか，そしてその問題を解決するためにはどのような支援・指導が必要なのかを知ることです。よって，インターンシッ

プなどで受入れを実施したり，地域障害者職業センターの職務試行といった短期間の現場における職業評価を行う，さらにはハローワークが実施している職場適応訓練なども利用するといいでしょう。

　雇用契約を結ぶにあたっても期間が3カ月と限定されている「トライアル雇用」があります。このトライアル雇用では，3カ月雇用した後に継続雇用する必要はありません。しかしながら，この期間中に職業センター等の支援機関のジョブコーチを依頼することができるため，3カ月の期間中に生じた問題を支援してくれます。問題が解決されれば，その後継続雇用に発展させることもできるのです。

10．職員全体に発達障害の研修を実施する

　ある企業では，発達障害の人の実習中にその行動が奇異に見えたため，他の同僚・上司から「きもい」「うざい」などの陰口をたたかれた人がいました。しかしながら，支援者がその企業の職員全員に発達障害とはどのような障害かを説明し，「このような問題を抱えていますが，このような仕事にはとても素晴らしい能力を発揮します」と伝えたところ，陰口をたたいていた人が職場内支援者となり，人間関係がスムーズに展開するようになりました。発達障害者の就労支援のベースはジョブマッチングと一緒に働く職場の同僚・上司の理解と言われています。まずは，発達障害の特性，そして一緒に働く発達障害の人個人の人となりをともに働く人たちに理解してもらうことが大切なのです。

まとめ

　発達障害者とは読み書き計算に問題を抱える LD，不注意なミスや落ち着きがない ADHD，そしてコミュニケーションを含む対人関係が不器用な自閉症スペクトラムといった大きな枠組みは押さえておく必要があるでしょう。しかしながら，何度も繰り返して述べますが，発達障害の人は個々によって異なります。よってアセスメントがきわめて大切です。

　アセスメントとはわが国では「評価」と訳されていますが，評価という言葉は「勤務評価」「教育評価」など評価される側から見るとあまり良いイメージはありません。本来のアセスメントの意味は，その人のことをよく知るということです。よって，面接だけではわからないところを補うためには出身学校からの情報を収集したり，関わっている就労支援機関との連携により本人の特性を知るといったことはとても有効なアセスメントの1つです。

　とりわけ就労の場面では，その人が働く周りの環境もよく知り，その人と職場の環境との相互作用を知ることもアセスメントなのです。そして，アセスメントを行う上でもっとも大切なことは，「この仕事はできない」とか「対人関係に問題がある」などのマイナス面を抽出することではなく，どのような支援を行えばこの発達障害の人は「うまく仕事ができるようになるのだろう」「職場のマナーを学習することができるのだろう」という支援方法を見つけ出すことなのです。よって，発達障害の人たちが抱えるさまざまな問題における先入観にとらわれることなく，実習等を活用しながら，実際に職務に従事させてみると課題や支援の方法が見えてくるでしょう。

第IV部

付　録

用語解説

【SST：Social Skills Training】

行動療法をベースとした対人スキル訓練で用いられる手法で，米国のリバーマンが精神障害者の対人技能訓練として発展させました。オペラントにおける罰刺激はあまり用いられず，アサーティブな会話や行動を表現した場合に，拍手によって称賛するなどの強化により，さまざまな対人関係スキルを獲得するトレーニングです。

【構造化】

米国ノースカロライナ州のTEACCHプログラム開発された支援技法のひとつで，自閉症の人を変えようとするのではなく，自閉症の人が自立して行動できるように環境を整えることを意味します。構造化には物理的構造化，スケジュール（時間の構造化），ワークシステム（課題や活動の構造化）などがあります。いずれも自閉症スペクトラムの人たちの視覚優位な特性を生かし，パーテーションで刺激を遮断して課題に集中させたり，絵や写真，文字，シンボルなどを用いて伝達事項を視覚的にわかりやすく示したりします。

【雇用職場改善好事例】

独立行政法人高齢・障害者・求職者雇用支援機構が，事業所における障害者雇用および職場定着を進めるために実施している事業の一つで，障害者の雇用管理や障害者が働く職場環境の改善・工夫を行った事業所を募集し，優秀な事例を表彰，かつ広く周知することを目的としています。平成3年度から始まったこの事業は身体障害者や知的障害者，精神障害者を雇用した企業が毎年表彰されてきましたが，平成23年度は発達障害者のための職場改善好事例として全国から75事業所の応募があり，本書で紹介した良品計画が奨励賞を大東コーポレートとトー

マツチャレンジドが優秀賞，そして富士ソフト企画が最優秀賞を獲得しました。

【自尊感情：Self Esteem】

　自尊心，自己肯定感とほぼ同様に使用されており，字義通り自分のことを自分で尊敬できるか，肯定できるかという気持ちのことを言います。発達障害の人たちは，能力にばらつきがあるため，小さいころから兄弟や友だちと比べてできないことがあった場合に，自分は「何もできない」と自己嫌悪に陥ってしまうことがあります。これが自尊感情の低下と呼ばれるもので，保護者や教師に叱られ続けると，当然自尊感情は低下してきます。よって，できることを見つけ，できたら褒めてあげるということが発達障害の人にとって自尊感情を高める上で必要なことなのです。

【就職支援ナビゲーター（旧就職支援チューター）】

　ハローワークに籍を置く発達障害者の就労相談の専門家。ただ，全国に設置されているわけではありません。発達障害をカミングアウトせず，クローズで就職しようとしている場合でも支援を受けることができます。

【ジョブコーチ】

　1986年にアメリカでリハビリテーション法が改正され，それまで就職が難しかった知的障害者を中心に，「訓練してから就職へ」という考えから「就職した場所で支援を」という発想の転換が図られました。その際にSupported Employment（援助付き就労）という方法論が導入され，その援助を行う人たちのことをジョブコーチ（Job Coach）と呼ぶようになりました。我が国では，地域障害者職業センターや就業・生活支援センター，就労移行支援事業所などでジョブコーチ的な支援が実施されていますが，その場合第1号ジョブコーチ，支援機関ではなく企業におけ

る同僚や上司が行う場合は第2号ジョブコーチと分けられています。現在ジョブコーチといった資格はありませんが,千葉の幕張にある障害者職業総合センターや各地のNPOなどでジョブコーチの研修が実施されています。ちなみに地域障害者職業センターではジョブコーチのことを職場適応援助者と呼んでいます。

【精神障害者保健福祉手帳】

　統合失調症,躁鬱病,てんかんなどの精神疾患を有している人たちに支給される障害者手帳のことであり,その程度によって1級から3級に分けられます。2011年7月29日の法改正により発達障害者も精神障害者に含まれるようになり,精神障害者の手帳を取得することができるようになりました。

【知的障害の判定書】

　企業が障害者を雇用する上で,障害者として証明できる手帳に身体障害者手帳,療育手帳,精神障害者保健福祉手帳があります。この中で知的障害者であることを証明する手帳が療育手帳ですが,この手帳は障害年金や公共交通機関の補助など主に福祉サイドで使用されます。よって,療育手帳を取得するためには知能検査によるIQ値や生育歴,社会生活能力などが基準となります。よって,その基準を満たさないために療育手帳を取得できない知的障害者が存在します。そのような人たちも就労する上で,判断力や記憶力,推理力など知的機能に限界があり,また手先が器用である場合など知的障害者としての援助が必要な場合に取得できる証明書です。この知的障害の判定書は,雇用率や助成金など労働の側面においてのみ有効な証明書であるため,地域障害者職業センターで判定を受けます。

【特例子会社】

　特例子会社とは,障害者雇用促進法第44条に定められた子会社で,障害者

雇用率を達成していない親会社が障害者雇用率を達成するために設立された会社です。よって，制度上特例的にその子会社における障害者雇用率を親会社の障が害者実雇用率に算入することが認められています。

つまり，子会社に雇用されている労働者を親会社に雇用されているものとみなし，実雇用率としてカウントされるのです。雇用される障害者は5人以上で，全従業員に占める割合が20％以上であり，障害者の中で重度身体障害者，知的障害者，精神障害者の割合が30％以上となっています。

雇用率制度は世界各国で見られますが，雇用率を達成するためにこのような子会社を作るという国は世界でも珍しく，現在全国に300社以上の特例子会社が設立されています。

【トライアル雇用】

若年者や障害者に対して3カ月間という期限が定められた雇用形態です。3カ月以上継続して雇用しなければならないという締め付けがないため，企業がとりあえず雇用してみようという気になります。ただ，目的としては3カ月雇用されたのち問題がなければ継続雇用をして欲しいというもくろみがあります。

【療育手帳】

知的障害を証明する手帳で，18歳未満は児童相談所，18歳以上は知的障害者更生相談所で相談，検査を受けて取得します。基本的には知能検査，生育歴，社会生活能力などを総合的に判断し手帳が支給されますが，能力に応じて重度とそれ以外に分けられます。行政機関によって異なりますが，軽度を4度，中度を3度，重度を2度，最重度を1度と分けたり，A，BあるいはA1，A2，B1，B2，A，B，Cなどと分類しているところもあります。

東京では「愛の手帳」と呼ばれています。

発達障害の偉人たち

1. ASD（Autistic Spectrum Disorder: 自閉症スペクトラム障害）

【モーツァルト】

　「トルコ行進曲」や「魔笛」「フィガロの結婚」などで日本でも人気の高いオーストリアの大作曲家モーツァルトもASDの一種アスペルガー症候群ではなかったかと言われています。モーツァルトは3歳のときからチェンバロを弾き始め，5歳のときには最初の作曲を行っています。また，6歳のときに，7歳の皇女マリア・アントーニア（後のマリー・アントワネット）にプロポーズしたという逸話があるそうです。さらに，目隠しをしてピアノの演奏をしたり，一度聞いただけでその曲を暗譜で書き記したともいわれています。

　このような天才少年も対人関係ではアスペルガー症候群によく見られるさまざまなエピソードを数多く残しています。友人に宛てた手紙の中で何の脈絡もない世界の大洋や大陸の名前を列挙し始めたり，文面に何の関係もない物語を詳細に書き出していました。また，10歳ころまでは，トランペットの音に恐怖感を抱き，トランペットの甲高い音色を聞くとたちまち蒼白になり，気を失いそうになったそうです。つまり，音に大変敏感だったのです。演奏中に最も複雑な旋律の中でも最小の不協和音を指摘し，ただちにどの楽器がミスをしたか，やどのキーで演奏すべきだったかというようなことまで口にしたくらいです。

　自閉症スペクトラムの人の中には，音楽だけではなく，絵画や数学などにとびぬけた才能を示す人もいます。そのような人はサヴァン症候群と呼ばれています。

【ミケランジェロ】

　ルネサンス時代の画家であり彫刻家であったミケランジェロはシスティーナ礼拝堂の天井画や最後の審判などの絵画，ピエタ，ダビデ像などの力強い彫刻などで有名ですが，子どもの頃は学校の勉強にはほとんど関心を示しませんでした。

　また，すぐに人と衝突してかんしゃくを起こし，些細なことに気をやむような性格であり，日常生活に関することにはあきれるほど無頓着だったそうです。彫刻や絵を描いているところを人に見られるのが苦手で，画家のラファエロやブラマンテとは敵対関係になるなど，人間関係は得意ではなく，常に感情を伴わない，奇妙に孤立した態度を取っていました。食べ物には関心を示さず，服を着たままで靴もはいたままで眠り込むことがよくあったため，他人からは煙たがられる存在でした。伝記によると「洗練されていない粗野な人柄で，その暮らしぶりは信じられないほどむさくるしく，ミケランジェロを信奉していた弟子たちの生活もひどいものだった。孤独を好む陰鬱な性格で，人付き合いを避けて引きこもり，周囲にどう思われようと頓着しない人柄」と記されています。

　ただ，日課を繰り返すことに強くこだわっていたり，視覚的記憶力が突出していた，など自閉症スペクトラムの特徴を有していたことがわかっています。

　このASDの特徴はマイクロソフトの創設者ビル・ゲイツや科学者のニュートン，画家のゴッホ，物理学者のアインシュタインなども示していたため，彼らもアスペルガー症候群ではなかったかと言われています。

発達障害の偉人たち

2．LD（Learning Disabilities：学習障害）

【トム・クルーズ】

　トム・クルーズにはLDの7割を占めると言われているDyslexia：ディスレキシア（難読症，読字障害）があります。トム・クルーズの具体的読みの困難さは，「c」や「z」の判別がつかないために，頭の中で文字が入れ替わるという現象が生じ，文章がばらばらになってしまうのです。文章を読むたびに起こるこのような症状は恐怖と混乱を招き，フラストレーションを引き起こす原因にもなったそうです。トム・クルーズ自身が子どもの時のことを以下のように述べています。「いつも読書矯正法の補習を受けさせられた。それはうんざりするほど退屈で，落ちこぼれの気分にさせられるものだった。クラスで何かを読まされるたびに，計り知れない挫折感を味わった。自分は頭が悪いのだと感じ，本当に恥ずかしい思いをした。先生たちは，僕が「z」の文字を飛ばし，「b」と「d」を混同するたびに叱り飛ばしたのだからね」

　教師からは知的障害，あるいは反抗的な態度の表れだとみなされていたようですが，母親だけはトムのことを理解していました。それは母親自身が同じ障害があったからです。そのため，母親のメリーは自ら特殊教育の講座を受講して子どもたちを指導しました。なぜならトムだけではなく，トムの3人の姉妹たちも難読症だったからです。

　このような経験から，トム・クルーズはLD児への支援活動にも取り組んでおり，自閉症の映画「レインマン」にダスティン・ホフマンの弟役で出演し，LDの理解を推奨するための映画「デイズ・オブ・サンダー」も製作主演しています。

　ちなみに，子どもたちに大人気のディズニーアニメの創始者ウォルト・ディズニー，第二次世界大戦中のイギリス首相ウインストン・チャーチルなどもLDの特徴を有していたと言われています。

3. ADHD（Attention Deficit Hyperactivity Disorder：注意欠陥多動性障害）

【坂本龍馬】

　幕末の志士坂本龍馬は，薩長同盟や大政奉還に尽力したり，明治維新の立役者であると同時に現在の商社の元になる「亀山社中」を設立するなど，当時としては極めて革新的な活動を行った人でした。とりわけ犬猿の仲であった薩摩（現在の鹿児島県）と長州（現在の山口県）を結びつける方法は卓越しています。

　幕府から国外勢力に対して武器の取引きを禁止されていたため，西洋式武器の購入が困難になっている長州と，兵糧米の調達ができない状況の薩摩に対して，龍馬は薩摩名義で武器を調達して長州に転売し，その代わりに長州から薩摩へ米を回送するなどによって薩摩と長州の間を調整したのです。このように優れた発想や行動を行った龍馬ですが，幼少期から才能を発揮していたわけではありません。それどころかさまざまな発達面での問題を呈していました。

　寝小便が中々治らず，塾での読み書きや算盤が苦手だったため，いじめられっ子でした。あるとき塾で刀を抜いてしまい，とうとうその塾を辞めさせられてしまいました。このような衝動性はADHDの特徴の一つとなっています。

　坂本龍馬以外に，ルネサンスの芸術家レオナルド・ダヴィンチ，発明家トーマス・エジソン，アメリカ大統領だったジョン・F・ケネディ，小説家のアーネスト・ヘミングウェイなどもADHDではなかったかと言われています。

発達障害者に対する就労支援サービス

　発達障害者の中には，療育手帳（愛の手帳）や精神障害者保健福祉手帳の交付を受け，知的障害者もしくは精神障害者として雇用支援施策を活用している人たち^{（注1）}も少なくありませんが，そのどちらの手帳も持たない（知的障害者または精神障害者に該当しない）発達障害者についても，「長期にわたり職業生活に相当の制限を受け，または職業生活を営むことが著しく困難」であると認められる場合は，障害者雇用促進法上の「障害者」^{（注2）}として職業リハビリテーション等の雇用支援施策の対象とされています。

　具体的には，ハローワークにおいてケースワーク方式によるきめ細かな職業相談，職業紹介等のサービスを提供するほか，地域障害者職業センターによる職業評価，職業準備支援および職場適応支援等の専門的な支援サービス，障害者就業・生活支援センターによる身近な地域における就業面と生活面との一体的支援等，知的障害者や精神障害者が活用できる各種の職業リハビリテーションサービスを同じように利用することができます。これらの機関は，発達障害者自身に対する相談・支援とあわせて，発達障害者を雇用またはこれから雇用しようとする事業主に対し，発達障害の特性を踏まえた適切な職務配置や指導方法・職場環境の設定等について助言・提案を行う役割も担っています。

　また，「発達障害者支援センター」という発達障害者の相談支援を専門的に行っている機関がありますが，ここでは，就労を希望する発達障害者に対して，上記の労働関係機関と連携・協力しながら，求職活動の援助や職場適応支援等

（注1）知的障害者については，療育手帳の交付を受けている場合のほか，地域障害者職業センターにおいて雇用対策上の知的障害者判定を受けている場合もあります。

（注2）身体，知的，精神の3障害に該当しない障害者としては，発達障害者のほか，高次脳機能障害者・難病等慢性疾患者，7級の身体障害者などの場合が考えられます。

の就労支援を行います。

そのほか，障害者雇用促進法に基づいて設置されている労働関係機関以外にも，自治体独自に障害者の就労支援を行う機関を設置し支援サービスを提供していたり，発達障害者支援センター以外にも発達障害者の相談・支援を実施しているNPO法人が，就労支援に関して独自に取り組みを行っている例もあります。

発達障害者の就労支援の方法は個々のニーズによってさまざまな組み合わせが考えられますが，ここでは，活用効果が特に期待されるジョブコーチ支援とトライアル雇用の2つの制度について紹介します。

I　ジョブコーチによる支援

ジョブコーチは正式には「職場適応援助者」といい，障害者が円滑に職場に適応することができるよう，企業に出向いて障害者と企業の双方に支援を行う支援者を指します。

具体的には，障害者に対して，仕事に適応する（作業能率を上げる，作業のミスを減らす）ための支援，人間関係や職場でのコミュニケーションを改善するための支援などを行います。また，事業主に対して，障害を適切に理解し配慮するための助言や仕事の内容および指導方法を改善するための具体的な方法等，雇用管理ノウハウを提供します。

支援期間は2～4カ月程度が一般的ですが，必要に応じて1カ月から半年程度までの期間を設定します。初めは集中的に支援を行いますが，徐々に支援の頻度を減らし，支援の中心をジョブコーチから職場のキーパーソンに移していきます。

「ジョブコーチ」という呼称や支援方法はもともと米国で開発されたもので，

10年以上前から日本でも知られていましたが，国の制度としては，平成14年に「職場適応援助者」が法律に規定され，地域障害者職業センターの事業として開始されました。支援終了者の8割以上が雇用に移行，または定着し，成果を上げています。

なお，支援ニーズの増大を背景として，平成17年に障害者雇用促進法が改正され，障害者雇用納付金制度に基づく助成金の1つとして「ジョブコーチ助

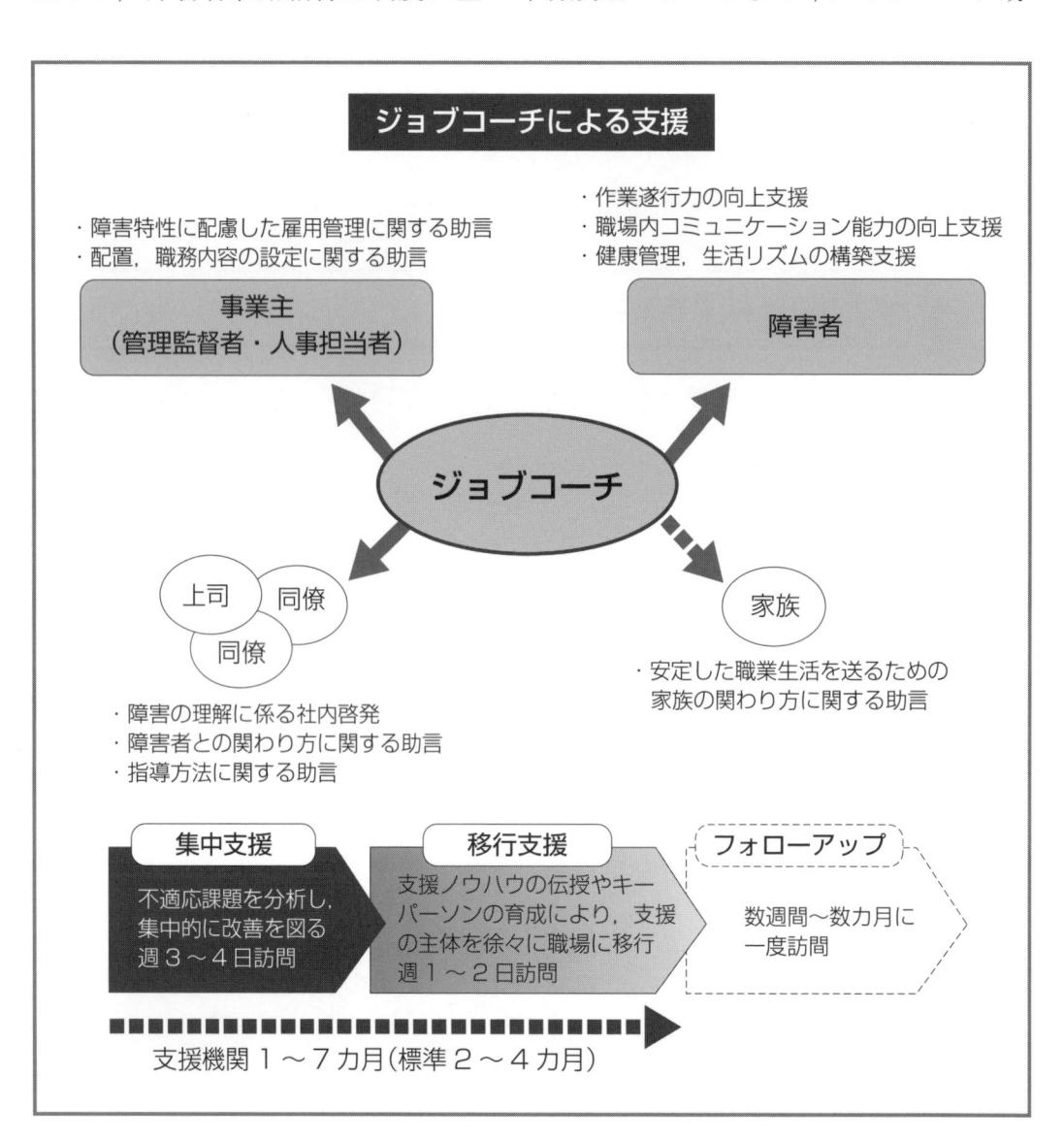

ジョブコーチによる支援

・障害特性に配慮した雇用管理に関する助言
・配置，職務内容の設定に関する助言

・作業遂行力の向上支援
・職場内コミュニケーション能力の向上支援
・健康管理，生活リズムの構築支援

事業主（管理監督者・人事担当者）　　障害者

ジョブコーチ

上司　同僚　同僚　　家族

・安定した職業生活を送るための家族の関わり方に関する助言

・障害の理解に係る社内啓発
・障害者との関わり方に関する助言
・指導方法に関する助言

集中支援
不適応課題を分析し，集中的に改善を図る
週3～4日訪問

移行支援
支援ノウハウの伝授やキーパーソンの育成により，支援の主体を徐々に職場に移行
週1～2日訪問

フォローアップ
数週間～数カ月に一度訪問

支援機関1～7カ月（標準2～4カ月）

成金」が創設されました。これは，就労支援を行う社会福祉法人等や企業が，ジョブコーチ養成研修を受講修了したジョブコーチを配置して支援を行わせた場合は，当該法人等に対して助成金を支給するものです。障害者雇用納付金に基づく各種助成金については，基本的には障害者雇用率制度の適用対象とされている身体，知的，精神の3障害に該当する障害者が対象ですが，ジョブコーチ助成金に関しては3障害に該当しない発達障害者も対象となっています。

II 障害者試行雇用事業（トライアル雇用事業）

　障害者試行雇用事業（トライアル雇用事業）は，特に障害者雇用経験に乏しい事業主が，障害者に合った職域開発，雇用管理等のノウハウがないために，障害者の雇入れをためらう場合が多いことを踏まえ，試し雇用を通じ障害者雇用のきっかけを与えて，試行就業期間終了後に常用雇用への移行を図るための事業です。試行雇用期間は3カ月間で，事業主と対象障害者との間で有期雇用契約を締結します。ハローワークの紹介を介して試行雇用を実施する事業主に対して，一人当たり月5万円の奨励金が支給されます。

　この制度は，知的障害者や精神障害者に該当しない発達障害者（ハローワークで障害者求職登録を行っている人）についても活用することができます。

III 障害者の態様に応じた多様な委託訓練（障害者委託訓練）

　障害者委託訓練とは，障害者が居住する地域で多様な委託先を活用し，就職に必要な知識・技能を習得するための職業訓練です（訓練期間は標準3カ月，1月当たり100時間で，2倍まで延長可能）。民間教育訓練機関，社会福祉法人，NPO法人等を委託先として実施する知識・技能習得訓練コースと，企業等を

委託先として事業所現場を活用する実践能力習得訓練コースがあります。

Ⅳ　発達障害者と手帳

　同じ発達障害者でも，障害者手帳の有無により障害者雇用促進法に基づく制度上の取り扱いが異なることを簡単に示したものが下の図です。

　療育手帳取得群（知的障害者）とは，すでに雇用義務の対象となる障害者です。発達障害の診断名を受けている人の中には，この群の人がかなり大勢います。また，少ないながら，精神障害者保健福祉手帳取得群（精神障害者）の人もいます。雇用義務の対象とはなっていませんが，平成18年度より障害者雇用率の対象として，つまり身体障害者や知的障害者と同等にみなすことができます。3つめの，手帳未取得群は複雑です。療育手帳や精神障害者保健福祉手帳を取得したいと考えているが取得できない人，手帳取得は可能だがこれらの

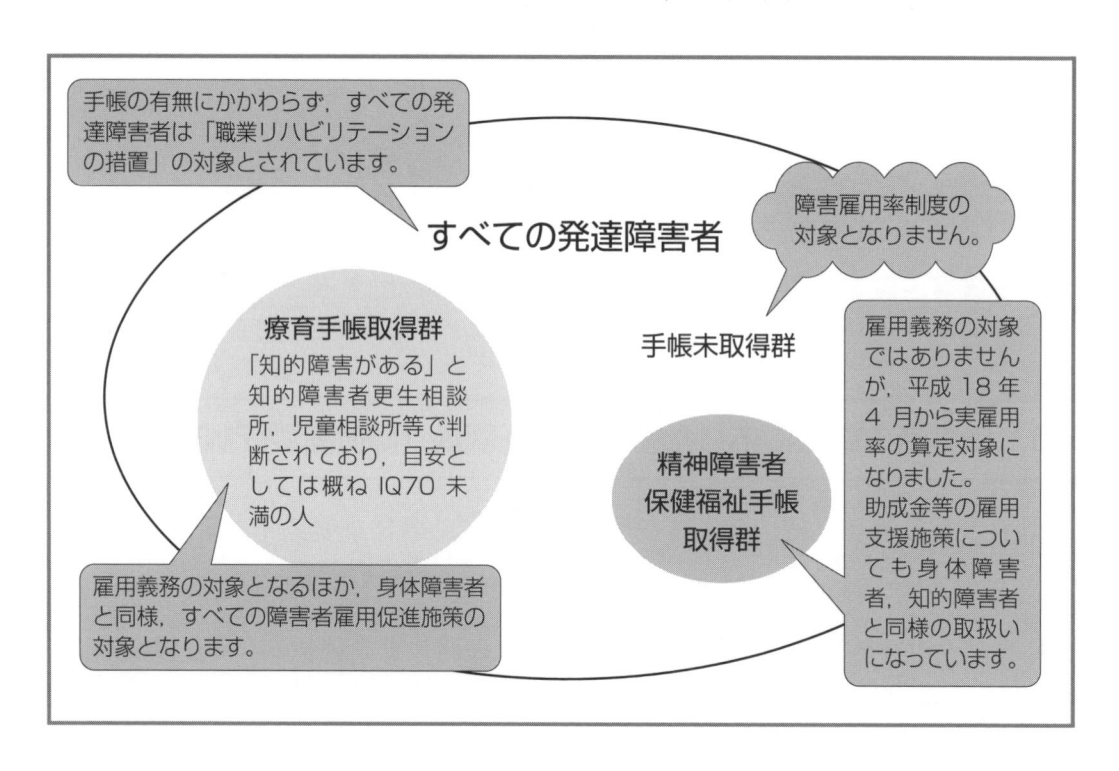

すべての発達障害者

手帳の有無にかかわらず，すべての発達障害者は「職業リハビリテーションの措置」の対象とされています。

障害雇用率制度の対象となりません。

療育手帳取得群
「知的障害がある」と知的障害者更生相談所，児童相談所等で判断されており，目安としては概ねIQ70未満の人

雇用義務の対象となるほか，身体障害者と同様，すべての障害者雇用促進施策の対象となります。

手帳未取得群

精神障害者保健福祉手帳取得群

雇用義務の対象ではありませんが，平成18年4月から実雇用率の算定対象になりました。助成金等の雇用支援施策についても身体障害者，知的障害者と同様の取扱いになっています。

障害者手帳を取得したくないと考えている人，職業生活を続けることに困っている人・困っていない人，そもそも発達障害の診断を受けている人・受けていない人など，まさにさまざまです。

　手帳未取得群は，就労支援サービス（職業リハビリテーションの措置）や一部の助成金制度等については対象となっていますが，現時点では障害者雇用率制度の対象にはなりません。

MEMO

支援機関一覧

地域障害者職業センター

都道府県における職業リハビリテーションサービスの中核として，ハローワークなどの関係機関と緊密な連携を図り，障害者に対して専門的な職業リハビリテーションサービスを行うとともに，事業主に対して雇用管理に関する相談・援助を行っています。また，地域の関係機関に対して職業リハビリテーションに関する助言・援助を行っています。

センター名	所在地	電話番号
北海道障害者職業センター	〒001-0024 札幌市北区北24条西5-1-1札幌サンプラザ5F	011-747-8231
北海道障害者職業センター旭川支所	〒070-0034 旭川市4条通8丁目右1号 ツジビル5F	0166-26-8231
青森障害者職業センター	〒030-0845 青森市緑2-17-2	017-774-7123
岩手障害者職業センター	〒020-0133 岩手県盛岡市青山4-12-30	019-646-4117
宮城障害者職業センター	〒983-0836 仙台市宮城野区幸町4-6-1	022-257-5601
秋田障害者職業センター	〒010-0944 秋田市川尻若葉町4-48	018-864-3608
山形障害者職業センター	〒990-0021 山形市小白川町2-3-68	023-624-2102
福島障害者職業センター	〒960-8135 福島市腰浜町23-28	024-522-2230
茨城障害者職業センター	〒309-1703 茨城県笠間市鯉淵6528-66	0296-77-7373
栃木障害者職業センター	〒320-0865 栃木県宇都宮市睦町3-8	028-637-3216
群馬障害者職業センター	〒379-2154 群馬県前橋市天川大島町130-1	027-290-2540
埼玉障害者職業センター	〒338-0825 さいたま市桜区下大久保136-1	048-854-3222
千葉障害者職業センター	〒261-0001 千葉県千葉市美浜区幸町1-1-3	043-204-2080
東京障害者職業センター	〒110-0015 台東区東上野4-27-3 上野トーセイビル3F	03-6673-3938
東京障害者職業センター多摩支所	〒190-0012 東京都立川市曙町2-38-5 立川ビジネスセンタービル5F	042-529-3341
神奈川障害者職業センター	〒252-0315 神奈川県相模原市南区桜台13-1	042-745-3131
富山障害者職業センター	〒930-0004 富山市桜橋通り1-18 住友生命富山ビル7階	076-413-5515
石川障害者職業センター	〒920-0856 石川県金沢市昭和町16-1 ヴィサージュ1階	076-225-5011
福井障害者職業センター	〒910-0026 福井市光陽2-3-32	0776-25-3685
新潟障害者職業センター	〒950-0067 新潟市東区大山2-13-1	025-271-0333
山梨障害者職業センター	〒400-0846 山梨県甲府市湯田2-17-14	055-232-7069
長野障害者職業センター	〒380-0935 長野市中御所3-2-4	026-227-9774
岐阜障害者職業センター	〒502-0933 岐阜市日光町6-30	058-231-1222

センター名	所在地	電話番号
静岡障害者職業センター	〒420-0851 静綱市葵区黒金町59-6 大同生命静岡ビル7F	054-652-3322
愛知障害者職業センター	〒453-0015 名古屋市中村区椿町1-16 井門名古屋ビル4階	052-452-3541
愛知障害者職業センター豊橋支所	〒440-0888 豊橋市駅前大通リ1-27 MUS豊橋ビル6階	0532-56-3861
三重障害者職業センター	〒514-0002 津市島崎町327-1	059-224-4726
滋賀障害者職業センター	〒525-0027 草津市野村2-20-5	077-564-1641
京都障害者職業センター	〒600-8235 京都市下京区西洞院通塩小路下る東油小路町803	075-341-2666
大阪障害者職業センター	〒541-0056 大阪市中央区久太郎町2-4-11 クラボウアネックスビル4F	06-6261-7005
大阪障害者職業センター南大阪支所	〒591-8025 堺市北区長曽根町130-23 堺商工会議所会館5F	072-258-7137
兵庫障害者職業センター	〒657-0833 神戸市灘区大内通5-2-2	078-881-6776
奈良障害者職業センター	〒630-8014 奈良市四条大路4-2-4	0742-34-5335
和歌山障害者職業センター	〒640-8323 和歌山市太田130-3	073-472-3233
鳥取障害者職業センター	〒680-0842 鳥取市吉方189	0857-22-0260
島根障害者職業センター	〒690-0877 松江市春日町532	0852-21-0900
岡山障害者職業センター	〒700-0821 岡山市北区中山下1-8-45 NTTクレド岡山ビル17階	086-235-0830
広島障害者職業センター	〒732-0052 広島市東区光町2-15-55	082-263-7080
山口障害者職業センター	〒747-0803 防府市岡村町3-1	0835-21-0520
徳島障害者職業センター	〒770-0823 徳島市出来島本町1-5	088-611-8111
香川障害者職業センター	〒760-0055 高松市観光通2-5-20	087-861-6868
愛媛障害者職業センター	〒790-0808 松山市若草町7-2	089-921-1213
高知障害者職業センター	〒781-5102 高知市大津甲770-3	088-866-2111
福岡障害者職業センター	〒810-0042 福岡市中央区赤坂1-6-19 ワークプラザ赤坂5F	092-752-5801
福岡障害者職業センター北九州支所	〒802-0066 北九州市小倉北区萩崎町1-27	093-941-8521
佐賀障害者職業センター	〒840-0851 佐賀市天祐1-8-5	0952-24-8030
長崎障害者職業センター	〒852-8104 長崎市茂里町3-26	095-844-3431
熊本障害者職業センター	〒862-0971 熊本市中央区大江6-1-38 4F	096-371-8333
大分障害者職業センター	〒874-0905 別府市上野口町3088-170	0977-25-9035
宮崎障害者職業センター	〒880-0014 宮崎市鶴島2-14-17	0985-26-5226
鹿児島障害者職業センター	〒890-0063 鹿児島市鴨池2-30-10	099-257-9240
沖縄障害者職業センター	〒900-0006 那覇市おもろまち1-3-25 縄職業総合庁舎5階	098-861-1254

高齢・障害者雇用支援センター

　高齢・障害者雇用支援センターは，堀域障害者職業センター雇用支援課（東京，大阪は支援業務課及び窓口サービス課）の通称です。以下のような障害者雇用支援業務在実施しているほか，高年齢者雇用に関する相談一援助，各種給付金の支給申請の受付等の高齢者雇用支援業務を行っています。

- ・障害者雇用納付金等の申告・申請受付
- ・各種助成金の申請受付
- ・障害者雇用に関する講習・啓発活動等
- ・地方アビリンピックの開催

センター名	所在地	電話番号
北海道高齢・障害者雇用支援センター	〒060-0004 札幌市中央区北四条西4-1 札幌国際ビル4階	011-200-6685
青森高齢・障害者雇用支援センター	〒030-0822 青森市中央1-25-9 EME青森ビル6階	017-721-2125
岩手高齢・障害者雇用支援センター	〒020-0024 盛岡市菜園1-12-10 日鉄鉱盛岡ビル5階	019-654-2081
宮城高齢・障害者雇用支援センター	〒980-0021 仙台市青葉区中央3-2-1 青葉通プラザ13階	022-713-6121
秋田高齢・障害者雇用支援センター	〒010-0951 秋田市山王3-1-7 東カンビル3階	018-883-3610
山形高齢・障害者雇用支援センター	〒990-0039 山形市香澄町2-2-31 カーニープレイス山形3階	023-674-9567
福島高齢・障害者雇用支援センター	〒960-8034 福島市置賜町1-29 佐平ビル8階	024-524-2731
茨城高齢・障害者雇用支援センター	〒310-0803 水戸布城南1-1-6 サザン水戸ビル7階	029-300-1215
栃木高齢・障害者雇用支援センター	〒320-0811 宇都宮市大通2-1-5 明治安田生命宇都宮大通りビル2階	028-610-0655
群馬高齢・障害者雇用支援センター	〒379-2154 前橋市天川大島町130-1	027-287-1511
埼玉高齢・障害者雇用支援センター	〒330-0074 さいたま市浦和区北浦和4-5-5 北浦和大栄ビル5階	048-814-3522
千葉高齢・障害者雇用支援センター	〒261-0001 千葉市美浜区幸町1-1-3	043-204-2901
東京高齢・障害者雇用支援センター	〒130-0022 東京都墨田区江東橋2-19-12	03-5638-2284
神奈川高齢・障害者雇用支援センター	〒231-0003 横浜市中区北仲通4-40 商工中金横浜ビル5階	045-640-3046
新潟高齢・障害者雇用支援センター	〒951-8061 新潟市中央区西堀通6-866 NEXT21ビル12階	025-226-6011
富山高齢・障害者雇用支援センター	〒930-0004 富山市桜橋通リ1-18 住友生命富山ビル7階	076-471-7770
石川高齢・障害者雇用支援センター	〒920-0856 金沢市昭和町16-1 ヴィサージュ1階	076-255-6001
福井高齢・障害者雇用支援センター	〒910-0005 福井市大手2-7-15 明治安田生命福井ビル10階	0776-22-5560
山梨高齢・障害者雇用支援センター	〒400-0031 甲府市丸の内2-7-23 鈴与甲府ビル1階	055-236-3163
長野高齢・障害者雇用支援センター	〒380-0836 長野市南県町1040-1 日本生命長野県庁前ビル6階	026-269-0366
岐阜高齢・障害者雇用支援センター	〒500-8856 岐阜市橋本町2-20 濃飛ビル5階	058-253-2723
静岡高齢・障害者雇用支援センター	〒420-0851 静岡市葵区黒金町59-6大同生命静岡ビル7階	054-205-3307
愛知高齢・障害者雇用支援センター	〒450-0002 名古屋市中村区名駅4-2-28 名古屋第二埼玉ビル4階	052-533-5625
三重高齢・障害者雇用支援センター	〒514-0002 津市島崎町327-1	059-213-9255

センター名	所在地	電話番号
滋賀高齢・障害者雇用支援センター	〒520-0056 大津市末広町1-1 日本生命大津ビル3階	077-526-8841
京都高齢・障害者雇用支援センター	〒600-8006 京都市下京区四条通柳馬場西入立売中之町99 四条SETビル5階	075-254-7166
大阪高齢・障害者雇用支援センター	〒541-0056 大阪市中央区久太郎町2-4-11 クラボウアネックスビル3階	(TEL窓口サービス課) 06-4705-6927
兵庫高齢・障害者雇用支援センター	〒650-0023 神戸市中央区栄町通1-2-7 大同生命神戸ビル2階	078-325-1792
奈良高齢・障害者雇用支援センター	〒630-8122 奈良市三条本町9-21 JR奈良伝宝ビル6階	0742-30-2245
和歌山高齢・障害者雇用支援センター	〒640-8154 和歌山市六番丁24 ニッセイ和歌山ビル6階	073-499-4175
鳥取高齢・障害者雇用支援センター	〒680-0835 鳥取市東品治町102 明治安田生命鳥取駅前ビル3階	0857-50-1545
島根高齢・障害者雇用支援センター	〒690-0887 松江市殿町111 山陰放送・第一生命共同ビル3階	0852-60-1677
岡山高齢・障害者雇用支援センター	〒700-0907 岡山市北区下石井2-1-3 岡山第一生命ビル4階	086-801-5150
広島高齢・障害者雇用支援センター	〒730-0013 広島市中区八丁堀16-14 第2広電ビル7階	082-511-2631
山口高齢・障害者雇用支援センター	〒753-0074 山口市中央5-7-3 山口センタービル2階	083-995-2050
徳島高齢・障害者雇用支援センター	〒770-0823 徳島市出来島本町1-5	088-611-2388
香川高齢・障害者雇用支援センター	〒760-0017 高松市番町1-6-1 住友生命高松ビル8階	087-813-2051
愛媛高齢・障害者雇用支援センター	〒790-0006 松山市南堀端町5-8 オワセビル4階	089-986-3201
高知高齢・障害者雇用支援センター	〒780-0053 高知市駅前町5-5 大同生命高知ビル7階	088-861-2212
福岡高齢・障害者雇用支援センター	〒810-0073 福岡市中央区舞鶴2-1-10 ORE福岡赤坂ビル5階	092-718-1310
佐賀高齢・障害者雇用支援センター	〒840-0816 佐賀市駅南本町5-1 住友生命佐賀ビル5階	0952-37-9117
長崎高齢・障害者雇用支援センター	〒850-0862 長崎市出島町1-14 出島朝日生命青木ビル5階	095-811-3500
熊本高齢・障害者雇用支援センター	〒860-0844 熊本市中央区水道町8-6 朝日生命熊本ビル3階	096-311-5660
大分高齢・障害者雇用支援センター	〒870-0026 大分市金池町1-1-1 大交セントラルビル3階	097-548-6691
宮崎高齢・障害者雇用支援センター	〒880-0805 宮崎市橘通東5-4-8 岩切第2ビル3階	0985-77-5177
鹿児島高齢・障害者雇用支援センター	〒892-0844 鹿児島市山之口町1-10 鹿児島中央ビル11階	099-219-2000
沖縄高齢・障害者展用支援センター	〒900-0006 那覇市おもろまち1-3-25 沖縄職業総合庁舎4階	098-941-3301

全国の発達障害者支援センター

　発達障害者支援センターは，発達障害者支援法に基づき，発達障害のある人の幼児期から学齢期，成人期に至るまで，ライフステージの各段階で生じるさまざまなニーズに応えられるよう，総合的かつ一貫的な支援を行うための地域の拠点として現在設置が進められています。発達障害者支援センターが提供する具体的なサービスは，「相談支援」，「発達支援」，「就労支援」，「普及・啓発と研修」となっており，就労支援についても，労働関係機関との連携・協議の下，直接・間接に支援が行われています。

都道府県 指定都市	発達障害支援センター名	住所 URL	
	附置施設	電話番号	FAX番号
北海道	発達障害者支援センター あおいそら	〒041-0802　函館市石川町 90-7 2F http://www.yuai.jp/aoisora/	
	函館青年寮	0138-46-0851	0138-46-0857
青森県	青森県発達障害者支援センター ステップ	〒030-0822　青森市中央 3-20-30 県民福祉プラザ 3F	
	県立八甲学園	017-777-8201	017-777-8202
岩手県	岩手県発達障害者支援センター ウィズ	〒020-0401 岩手県盛岡市手代森 6-10-6 岩手県立療育センタ-相談支援部内 http://www.echna.ne.jp/~ryouiku/hattatu-index.html	
	みたけ学園	019-601-1501	019-641-7460
山形県	山形県発達障害者支援センター	〒999-3145　上山市河崎 3-7-1	
	県立総合療育訓練センター	023-673-3314	023-673-3360
茨城県	茨城県発達障害者支援センター	〒311-3157　東茨城郡茨城町小幡北山 2766-37 http://www.pref.ibaraki.jp/close_up/cl0603_02/	
	あいの家	029-219-1222	029-292-5535
栃木県	栃木県発達障害者支援センター ふぉーゆう	〒320-8503　宇都宮市駒生町 3337-1 http://www.hattatsu.pref.tochigi.lg.jp/	
	とちぎリハビリテーションセンター	028-623-6111	028-623-7255
埼玉県	埼玉県発達障害者支援センター 「まほろば」	〒350-0813　川越市大字平塚新田東河原 201-2 http://www10.ocn.ne.jp/~mahoroba/	
	初雁の家	049-239-3553	049-233-0223

都道府県 指定都市	発達障害支援センター名	住所		
		URL		
	附置施設		電話番号	FAX番号
千葉県	千葉県発達障害者支援センター （CAS）	〒260-0856　千葉市中央区亥鼻2-9-3		
		http://www5e.biglobe.ne.jp/~cas-cas/		
	しもふさ学園		043-227-8557	043-227-8559
東京都	東京都発達障害者支援センター TOSCA	〒156-0055　世田谷区船橋1-30-9		
		http://www.tosca-net.com		
	子どもの生活研究所めばえ学園		03-3426-2318	03-3706-7242
神奈川県	神奈川県発達障害支援センター かながわA	〒259-0157　足柄上郡中井町境218		
		http://www.pref.kanagawa.jp/cnt/f984/		
	県立中井やまゆり園		0465-81-0288	0465-81-3703
富山県	富山県発達障害者支援センター あおぞら	〒931-8443　富山市下飯野36		
		http://www.aozora-toyama.jp/index.html		
	富山県高志通園センター		076-438-8415	
石川県	石川県発達障害者支援センター パース	〒920-3123　金沢市福久東1-56 オフィスオーセド2F		
		http://www6.ocn.ne.jp/~path		
	自閉症成人施設　はぎの郷		076-257-5551	076-257-1916
長野県	長野県発達障害支援センター	〒380-0928　長野県若里7-1-7		
		http://www.pref.nagano.lg.jp/xeisei/withyou/hp_dd/nsc-ad_top.html		
	長野県精神保健福祉センター		026-227-1810	026-227-170
静岡県	静岡県発達障害支援センター	〒422-8031　静岡市駿河区有明町2-20		
		http://www.pref.shizuoka.jp/kousei/ko-810/index.html		
			054-286-9206	054-286-9185
愛知県	あいち発達障害者支援センター	〒480-0392　春日井市神屋町713-8		
		http://www.pref.aichi.jp/hsc/asca/index.html		
	愛知県心身障害者コロニー		0568-88-0811（内線2222）	0568-88-0964
三重県	三重県自閉症・発達障害支援センター あさけ	〒510-1326　三重県三重郡菰野町杉谷1573		
		http://asakegakuen.com/index.html		
	あさけ学園		059-394-3412	059-394-5124
滋賀県	滋賀県発達障害者支援センター いぶき	〒521-0016　滋賀県米原市下多良2-47 平和堂米原店3階		
		http://www.kohokukai.or.jp/sisetu/newpage12.html		
	湖北会		0749-52-3974	0749-52-3984
大阪府	大阪府発達障害者支援センター アクトおおさか	〒532-0023　大阪市淀川区十三東3-18-12 イトウビル1階		
		http://homepage3.nifty.com/actosaka/index.html		
			06-6100-3003	

都道府県 指定都市	発達障害支援センター名	住所 / URL		
	附置施設		電話番号	FAX番号
兵庫県	ひょうご発達障害者支援センター クローバー	〒671-0122　高砂市北浜町北脇519 http://auc-clover.a.la9.jp/		
	あかりの家		079-254-3601	079-254-3403
奈良県	奈良県発達障害者支援センター でぃあ〜	〒630-8424　奈良市古市町1-2 奈良仔鹿園内 http://www5.kcn.ne.jp/~deardeer/		
	仔鹿園		0742-62-7746	0742-62-7747
和歌山県	和歌山県発達障害者支援センター 「ポラリス」	〒641-0044　和歌山市今福3-5-41 http://www.eonet.ne.jp/~aitoku/polaris/polaris.htm		
	愛徳園		073-413-3200	073-413-3020
鳥取県	「エール」発達障がい者支援センター	〒682-0854　倉吉市みどり町3564-1 http://www.pref.tottori.lg.jp/yell/		
	県立皆成学園		0858-22-7208	0858-22-7209
岡山県	おかやま発達障害者支援センター	〒703-8555　岡山市北区祇園866 http://asdshien.jp/index.html		
	旭川児童院		086-275-9277	086-275-9277
広島県	広島県発達障害者支援センター	〒739-0133　東広島市八本松町米満461 http://www18.ocn.ne.jp/~h-scdd/		
	つつじ		082-497-0131	082-427-0280
山口県	山口県発達障害者支援センター まっぷ	〒753-0302　山口市仁保中郷50 http://www.ynet.gr.jp/hiraki/center/		
	ひらきの里		083-929-5012	083-929-5023
福岡県	福岡県発達障害者支援センター ゆう・もあ	〒825-0004　田川市夏吉4205-7 http://houtokukai.com/facility/youmore/		
	みろく園		0947-46-9505	0947-46-9506
佐賀県	佐賀県発達障害者支援センター 結	〒841-0073　鳥栖市江島町字西谷3300-1 http://www.kumin.ne.jp/shienyui/		
	あさひ会		0942-81-5728	0942-81-5729
長崎県	長崎県発達障害者支援センター しおさい	〒854-0071　諫早市永昌東町24-3 http://www.pref.nagasaki.jp/shiosai/		
	長崎県立こども医療福祉センター		0957-22-1802	0957-22-1812
熊本県	熊本県発達障害者支援センター わっふる	〒869-1217　菊池郡大津町森54-2 http://www.waffle-kumamoto.com/		
	三気の会		096-293-8189	096-293-8239
大分県	大分県発達障害者支援センター ECOAL	〒879-7302　豊後大野市犬飼町久原1863-8 http://www.moeginosato.net/ecoal.htm		
	めぶき園		097-586-8080	097-586-8071

都道府県 指定都市	発達障害支援センター名	住所 URL	
	附置施設	電話番号	FAX 番号
宮崎県	宮崎県発達障害者支援センター	〒889-1601　宮崎郡清武町大字木原 4257-7	
		http://www.m-sj.or.jp/contents/h-center/	
	ひまわり学園	0985-85-7660	0985-85-7661
鹿児島県	鹿児島県発達障害者支援センター	〒891-0175 鹿児島市桜ケ丘 6-12	
		http://www.pref.kagoshima.jp/ae20/kenko-fukushi/syogai-syakai/chiteki/04007034.html	
	鹿児島県こども総合療育センター	099-264-3720	099-265-0006
仙台市	仙台市発達相談支援センター アーチル	〒981-3133　仙台市泉区泉中央 2-24-1	
		http://www.city.sendai.jp/kenkou/hattatsu/gaiyou/index.html	
		022-375-0110	022-375-0142
横浜市	横浜市発達障害者支援センター	〒221-0835　神奈川区鶴屋町 3-35-8 タクエー横浜西口第 2 ビル 7F	
		http://www.yamabikonosato.jp/support_center.php	
	横浜やまびこの里	045-290-8448	045-314-9666
京都市	京都市発達障害者支援センター かがやき	〒602-8144　京都市上京区丸太町通黒門東入藁屋町 536-1	
		http://www.sogofukushi.jp/jigyo-kagayaki.htm	
	京都市児童福祉センター	075-841-0375	075-841-0381
大阪市	大阪市発達障害者支援センター エルムおおさか	〒547-0026　大阪市平野区喜連西 6-2-55 大阪市心身障害者リハビリテーションセンター 2F	
		http://www16.ocn.ne.jp/~hattatsu/	
	大阪市心身障害者リハビリテーションセンター	06-6797-6931	06-6797-6934
北九州市	北九州市自閉症・発達障害支援センター つばさ	〒802-0803　北九州市小倉南区春ヶ丘 10-2	
		http://www.tsubasa.kitaq-src.jp/	
	北九州市立総合療育センター	093-922-5523	093-922-5523

発達障害関係の主な当事者団体

　発達障害のある人に対する支援については，前掲の発達障害者支援センター等の専門機関のほか，発達障害のある本人及びその家族等を会員とする当事者団体も重要な役割を果たしてきました。当事者及び支援関係者に対する相談支援や啓発等の取り組みについて，それぞれの団体の特徴を活かした独自の活動が行われています。主な当事者団体は次のとおりです。

組織名	障害種類	
住　所		URL
電話番号	FAX 番号	E-mail
日本発達障害ネットワーク（JDD ネット）	発達障害全般（発達障害者関係の全国団体・地方団体，学会，職能団体等を会員とする横断的組織）	
〒105-0013 東京都港区浜松町 1-12-14　昭和アステック 5 号館 5F		http://jdddnet.jp/
03-5733-6855	03-5733-6856	office@jdddnet.jp
特定非営利活動法人　アスペ・エルデの会	発達障害全般	
〒452-0821 名古屋市西区上小田井 2 丁目 187 番地 メゾンドボヌー小田井 201 号室		http://www.as-japan.jp/
052-505-5000	info@asu-japan.jp	
特定非営利活動法人　えじそんくらぶ	注意欠陥多動性障害（ADHD）	
〒358-0003 埼玉県入間市豊岡 1-1-1-924	http://www.e-club.jp	
04-2962-8683	04-2962-8683	info@e-club.jp
特定非営利活動法人　EDGE（エッジ）	読み書き障害（ディスレクシア）	
〒105-0021　東京都港区東新橋 2-10-2 中銀新橋マンション 206 号		http://www.npo-edge.jp/
03-6240-0670	03-5401-1190	edgewebinfo@npo-edge.jp
全国 LD（学習障害）親の会	学習障害（LD）	
〒151-0053 東京都渋谷区代々木 2-26-5 バロール代々木 415		http://www.jpald.net/
03-6276-8985	03-6276-8985	jimukyoku@jpald.net
社団法人　日本自閉症協会	自閉症	
〒104-0044 中央区明石町 6-22 築地 622		http://www.autism.or.jp/
03-3545-3380	03-3545-3381	asj@autism.or.jp

平成24年度障害者就業・生活支援センター一覧

都道府県	センター名 所在地	運営法人 電話番号
北海道	札幌障がい者就業・生活支援センター　たすく	（社福）愛和福祉会
	〒060-0807 札幌市北区北7条西1-1-18　丸増ビル301号室	011-728-2000
	小樽後志地域障がい者就業・生活支援センター　ひろば	（社福）後志報恩会
	〒047-0024 小樽市花園2-6-7　プラムビル3階	0134-31-3636
	道南しょうがい者就業・生活支援センター　すてっぷ	（社福）侑愛会
	〒041-0802 函館市石川町41-3	0138-34-7177
	くしろ・ねむろ障がい者就業・生活支援センター　ぷれん	（社福）釧路のぞみ協会
	〒085-0006 釧路市双葉町17-18	0154-65-6500
	十勝障害者就業・生活支援センター　だいち	（社福）慧誠会
	〒080-0016 帯広市西6条南6-3　ソネビル2階	0155-24-8989
	空知しょうがい者就業・生活支援センター　ひびき	（社福）北海道光生会
	〒072-0017 美唄市東6条南1-5-1	0126-66-1077
	オホーツク障害者就業・生活支援センター　あおぞら	（社福）川東の里
	〒090-0040 北見市大通西2-1	0157-69-0088
	上川中南部障害者就業・生活支援センター　きたのまち	（社福）旭川旭親会
	〒078-8329 旭川市宮前通東4155-30　おぴった1階	0166-38-1001
	胆振日高障がい者就業・生活支援センター　すて〜じ	（社福）北海道社会福祉事業団
	〒052-0014 伊達市舟岡町334-9　あい・ぷらざ1階	0142-82-3930
	石狩障がい者就業・生活支援センター　のいける	（社福）はるにれの里
	〒061-3282 石狩市花畔2条1-9-1　北ガスプラザ石狩2階	0133-76-6767
	道北障害者就業・生活支援センター　いきぬき	（社福）道北センター福祉会
	〒096-0011 名寄市西1条南8-19-2	01654-2-6168
青森県	津軽障害者就業・生活支援センター	（社福）七峰会
	〒036-1321 弘前市大字熊嶋字亀田184-1	0172-82-4524
	青森藤チャレンジド就業・生活支援センター	（社福）藤聖母園
	〒030-0841 青森市奥野2-25-9	017-722-3013
	障害者就業・生活支援センター　みなと	（医）清照会
	〒031-0041 八戸市廿三日町18	0178-44-0201
	障害者就業・生活支援センター　月見野	（社福）健誠会
	〒038-2816 つがる市森田町森田月見野473-2	0173-26-4242
	障害者就業・生活支援センター　みさわ	（財）こころすこやか財団
	〒033-0052 三沢市本町1-62-9	0176-27-6738
岩手県	胆江障害者就業・生活支援センター	（社福）愛護会
	〒023-0824 奥州市水沢区台町6-28	0197-51-6306

都道府県	センター名	運営法人
	所在地	電話番号
岩手県	宮古地区チャレンジド就業・生活支援センター	（社福）若竹会
	〒027-0073 宮古市緑ヶ丘2-3　はあとふるセンターみやこ内	0193-71-1245
	盛岡広域障害者就業・生活支援センター	（社福）千晶会
	〒020-0015 盛岡市本町通3-19-1　岩手県福祉総合相談センター2階	019-605-8822
	一関広域障害者就業・生活支援センター	（社福）平成会
	〒029-0131 一関市狐禅寺字石の瀬61-3	0191-34-9100
	久慈地区チャレンジド就業・生活支援センター	（社福）修倫会
	〒028-0061 久慈市中央4-34	0194-66-8585
	岩手中部障がい者就業・生活支援センター　しごとネットさくら	（社福）岩手県社会福祉事業団
	〒024-0092 北上市本通り2-1-10	0197-63-5791
	二戸圏域チャレンジド就業・生活支援センター　カシオペア	（NPO）カシオペア障連
	〒028-6103 二戸市石切所字川原28-7	0195-26-8012
	気仙障がい者就業・生活支援センター	（社福）大洋会
	〒022-0003 大船渡市盛町字東町11-12	0192-27-0833
	釜石大槌地域障がい者就業・生活支援センター　キックオフ	（社福）翔友
	〒026-0034 釜石市中妻町1-4-20	0193-55-4181
宮城県	石巻地域就業・生活支援センター	（社福）石巻祥心会
	〒986-0861 石巻市蛇田字小斎24-1　コスモス内	0225-95-6424
	県北地域福祉サービスセンター　障害者就業・生活支援センター Link	（社福）宮城県社会福祉協議会
	〒989-6162 大崎市古川駅前大通1-5-18　ふるさとプラザ2階	0229-21-0266
	県南障害者就業・生活支援センター　コノコノ	（社福）白石陽光園
	〒989-0225 白石市東町2-2-33	0224-25-7303
	障害者就業・生活支援センター　わ〜く	（社福）宮城県社会福祉協議会
	〒989-2432 岩沼市中央2-5-26	0223-25-4580
	障害者就業・生活支援センター　ゆい	（社福）恵泉会
	〒987-0511 登米市迫町佐沼字中江1-10-4	0220-21-1011
	障害者就業・生活支援センター　かなえ	（社福）洗心会
	〒988-0053 気仙沼市田中前4-2-7	0226-24-5162
	くりはら障がい者就業・生活支援センター　あしすと	（NPO）栗原市障害者就労支援センター
	〒987-2252 栗原市築館薬師4-4-17	0228-24-9188
秋田県	秋田県南障害者就業・生活支援センター	（社福）慈泉会
	〒014-0043 大仙市大曲戸巻町2-68	0187-88-8713
	ウェルビューいずみ障害者就業・生活支援センター	（社福）いずみ会
	〒010-0817 秋田市泉菅野2-17-27	018-896-7088
	秋田県北障害者就業・生活支援センター	（社福）大館圏域ふくし会
	〒017-0897 大館市字三ノ丸103-4　大館市総合福祉センター2階	0186-57-8225
	秋田県能代山本障害者就業・生活支援センター	（社福）秋田虹の会
	〒016-0873 能代市字長崎42-1	0185-88-8296

都道府県	センター名	運営法人
	所在地	電話番号
秋田県	由利本荘・にかほ圏域　就業・生活支援センターE-SUPPORT(イーサポート)	(社福)秋田県社会福祉事業団
	〒018-0604 由利本荘市西目町沼田字新道下2-415	0184-44-8578
山形県	置賜障害者就業・生活支援センター	(社福)山形県社会福祉事業団
	〒993-0016 長井市台町4-24	0238-88-5357
	村山障害者就業・生活支援センター　ジョブサポートぱる	(社福)山形県社会福祉事業団
	〒990-0861 山形市江俣1-9-26	023-682-0210
	庄内障害者就業・生活支援センター　サポートセンターかでる	(社福)山形県社会福祉事業団
	〒998-0865 酒田市北新橋1-1-18	0234-24-1236
	最上障害者就業・生活支援センター	(社福)友愛の里
	〒996-0085 新庄市堀端町8-3	0233-23-4528
福島県	いわき障害者就業・生活支援センター	(社福)いわき福音協会
	〒970-8026 いわき市平字堂ノ前2	0246-24-1588
	県中地域障害者就業・生活支援センター	(社福)ほっと福祉記念会
	〒963-8813 郡山市芳賀3-4-24	024-941-0570
	会津障害者就業・生活支援センター　ふろんてぃあ	(社福)若樹会
	〒965-0006 会津若松市一箕町大字鶴賀字下柳原88-4	0242-85-6592
	相双障害者就業・生活支援センター	(社福)福島県福祉事業協会
	〒976-0032 南相馬市原町区桜井町1-77-2	0244-24-3553
	県南障がい者就業・生活支援センター	(社福)福島県社会福祉事業団
	〒961-0905 白河市本町2　マイタウン白河2階	0248-23-8031
	県北障害者就業・生活支援センター	(社福)つばさ福祉会
	〒960-8164 福島市八木田字並柳41-5	024-529-6800
茨城県	水戸地区障害者就業・生活支援センター	(社福)水戸市社会福祉事業団
	〒311-4141 水戸市赤塚1-1　ミオスビル2階	029-309-6630
	障害者就業・生活支援センター　なかま	(社福)慶育会
	〒308-0811 筑西市茂田1740	0296-22-5532
	障害者就業・生活支援センター　かい	(社福)白銀会
	〒315-0005 石岡市鹿の子4-16-52	0299-22-3215
	障害者就業・生活支援センター　かすみ	(NPO)自立支援ネットワーク
	〒300-0053 土浦市真鍋新町1-14	029-827-1104
	かしま障害者就業・生活支援センター　まつぼっくり	(社福)鹿島育成園
	〒314-0016 鹿嶋市国末1359-1	0299-82-6475
	つくばLSC障害者就業・生活支援センター	(社福)創志会
	〒300-2645 つくば市上郷7563-67	029-847-8000
	障がい者就業・生活支援センター　KUINA	(社福)町にくらす会
	〒312-0004 ひたちなか市長砂1561-4	029-202-0777
	障害者就業・生活支援センター　慈光倶楽部	(社福)慈光学園
	〒306-0504 坂東市生子1617	0280-88-7690

支援機関一覧

都道府県	センター名	運営法人
	所在地	電話番号
茨城県	障害者就業・生活支援センターまゆみ	(医)圭愛会
	〒316-0003 日立市多賀町1-3-6	0294-36-2878
栃木県	県南圏域障害者就業・生活支援センター　めーぷる	(社福)せせらぎ会
	〒321-0201 下都賀郡壬生町大字安塚2032せせらぎ会通勤寮かえで寮内	0282-86-8917
	両毛圏域障害者就業・生活支援センター	(社福)足利むつみ会
	〒326-0032 足利市真砂町1-1　栃木県安足健康福祉センター内	0284-44-2268
	県北圏域障害者就業・生活支援センター　ふれあい	(社福)とちぎ健康福祉協会
	〒329-1312 さくら市桜野1270	028-681-6633
	県東圏域障害者就業・生活支援センター　チャレンジセンター	(社福)こぶしの会
	〒321-4305 真岡市荒町111−1	0285-85-8451
	県西圏域障害者就業・生活支援センター　フィールド	(社福)希望の家
	〒322-0007 鹿沼市武子1566　希望の家内	0289-60-2588
	宇都宮圏域障害者就業・生活支援センター	(社福)飛山の里福祉会
	〒321-0905 宇都宮市平出工業団地43-100	028-678-3256
群馬県	障害者就業・生活支援センター　エブリィ	(社福)はるな郷
	〒370-0065 高崎市末広町115-1　高崎市総合福祉センター内	027-361-8666
	障害者支援センター　わーくさぽーと	(社福)杜の舎
	〒373-0026 太田市東本町53-20　太田公民館東別館内	0276-57-8400
	障害者就業・生活支援センター　みずさわ	(社福)薫英会
	〒370-3606 北群馬郡吉岡町上野田3480-1	0279-30-5235
	障害者就業・生活支援センター　ワークセンターまえばし	(社福)すてっぷ
	〒371-0017 前橋市日吉町2-17-10　前橋市総合福祉会館1階	027-231-7345
	障がい者就業・生活支援センター　メルシー	(社福)明清会
	〒372-0001 伊勢崎市波志江町571-1	0270-25-3390
	障害者就業支援センター　トータス	(社福)かんな会
	〒375-0014 藤岡市下栗須873-1　福祉支援センターもくせい内	0274-22-5933
	障がい者就労・生活支援センター　さんわ	(社福)三和会
	〒376-0121 桐生市新里町新川3743	0277-74-6981
	障害者就業・生活支援センターコスモス	(社福)北毛清流会
	〒379-1205 利根郡昭和村大字川額1306(たけのこ学園内)	0278-25-4400
埼玉県	障害者就業・生活支援センター　ZAC	(NPO)東松山障害者就労支援センター
	〒355-0013 東松山市小松原町17-19	0493-24-5658
	障害者就業・生活支援センター　こだま	(社福)美里会
	〒367-0101 児玉郡美里町大字小茂田756-3	0495-76-0627
	埼葛北障害者就業・生活支援センター	(社福)啓和会
	〒346-0011 久喜市青毛753-1　ふれあいセンター久喜内	0480-21-3400
	秩父障がい者就業・生活支援センター　キャップ	(社福)清心会
	〒368-0051 秩父市中村町3-12-23　秩父市ふれあいセンター内	0494-22-2870

都道府県	センター名	運営法人
	所在地	電話番号
埼玉県	障害者就業・生活支援センター　CSA	(社福)あげお福祉会
	〒362-0075 上尾市柏座1-1-15　プラザ館5階	048-767-8991
	障がい者就業・生活支援センター　遊谷	(社福)熊谷礎福祉会ララク遊
	〒360-0041 熊谷市宮町2-65　熊谷市立障害福祉会館2階	048-599-1755
	障害者就業・生活支援センター　かわごえ	(社福)親愛会
	〒350-1151 川越市大字今福2896-4	049-246-5321
	東部障がい者就業・生活支援センター　みらい	(社福)草加市社会福祉事業団
	〒340-0001 草加市柿木町1105-2	048-935-6611
	障害者就業・生活支援センター　みなみ	(社福)戸田わかくさ会
	〒335-0021 戸田市新曽1321-1	048-432-8197
	障害者就業・生活支援センター　SWAN	(社福)ヤマト自立センター
	〒352-0017 新座市菅沢1-3-1	048-480-3603
千葉県	障害者就業・生活支援センター　あかね園	(社福)あひるの会
	〒275-0024 習志野市茜浜3-4-6　京葉測量(株)内	047-452-2718
	障害者就業・生活支援センター　千葉障害者キャリアセンター	(NPO)ワークス未来千葉
	〒261-0002 千葉市美浜区新港43	043-204-2385
	障害者就業・生活支援センター　ビック・ハート柏	(社福)実のりの会
	〒277-0005 柏市柏1-1-11　ファミリかしわ3階	04-7168-3003
	障害者就業・生活支援センター　東総就業センター	(社福)ロザリオの聖母会
	〒289-2513 旭市野中3825	0479-60-0211
	障害者就業・生活支援センター　ふる里学舎地域生活支援センター	(社福)佑啓会
	〒290-0265 市原市今富1110-1	0436-36-7762
	障害者就業・生活支援センター　就職するなら明朗塾	(社福)光明会
	〒285-0026 佐倉市鏑木仲田町9-3	043-235-7350
	障害者就業・生活支援センター　山武ブリオ	(社福)ワーナーホーム
	〒299-3211 山武郡大網白里町細草3221-4	0475-77-6511
	大久保学園障害者就業・生活支援センター	(社福)大久保学園
	〒274-0082 船橋市大神保町1359-7　船橋市光風みどり園内	047-457-7380
	障害者就業・生活支援センター　ビック・ハート松戸	(社福)実のりの会
	〒271-0051 松戸市馬橋3240-2	047-343-8855
	障害者就業・生活支援センター　エール	(NPO)ぽぴあ
	〒292-0067 木更津市中央1-16-12　サンライズ中央1階	0438-42-1201
	障害者就業・生活支援センター　中里	(社福)安房広域福祉会
	〒294-0231 館山市中里291	0470-20-7188
	障害者就業・生活支援センター　香取就業センター	(社福)ロザリオの聖母会
	〒289-2241 香取郡多古町多古694	0479-74-8331
	障害者就業・生活支援センター　長生ブリオ	(社福)ワーナーホーム
	〒297-0012 茂原市六ツ野2796-40	0475-44-7797

都道府県	センター名	運営法人
	所在地	電話番号
千葉県	障害者就業・生活支援センター 夷隅ブリオ	(社福)ワーナーホーム
	〒298-0004 いすみ市大原8748-5	0470-62-6641
	障害者就業・生活支援センター いちされん	(NPO)いちされん
	〒272-0026 市川市東大和田1-2-10　市川市分庁舎C棟内	047-300-8630
	障害者就業・生活支援センター はーとふる	(社福)はーとふる
	〒278-0003 野田市鶴奉7-1　野田市役所内1階	04-7124-0124
東京都	障害者就業・生活支援センター ワーキング・トライ	(社福)JHC板橋会
	〒174-0072 板橋区南常盤台2-1-7	03-5986-7551
	障害者就業・生活支援センター アイ-キャリア	(NPO)障害者支援情報センター
	〒158-0091 世田谷区中町2-21-12　なかまちNPOセンター306号	03-3705-5803
	障害者就業・生活支援センター オープナー	(社福)多摩棕櫚亭協会
	〒186-0003 国立市富士見台1-17-4	042-577-0079
	就業・生活支援センター WEL'S TOKYO	(NPO)WEL'S新木場
	〒101-0054 千代田区神田錦町3-21　ちよだプラットフォームスクエアCN312	03-5259-8372・070-6524-7014
	障害者就業・生活支援センター TALANT	(NPO)わかくさ福祉会
	〒192-0081 八王子市横山町25-9　ツカキスクエア3階	042-648-3278
	障害者就業・生活支援センター けるん	(NPO)青少年自立援助センター
	〒197-0022 福生市本町94-9　山本ビル1F	042-553-6320
神奈川県	障害者支援センター ぽけっと	(社福)よるべ会
	〒250-0851 小田原市曽比1786-1　オークプラザⅡ	0465-39-2007
	よこすか障害者就業・生活支援センター	(社福)横須賀市社会福祉事業団
	〒238-0041 横須賀市本町2-1	046-820-1933
	障がい者就業・生活支援センター サンシティ	(社福)進和学園
	〒254-0041 平塚市浅間町2-20	0463-37-1622
	横浜市障害者就業・生活支援センター スタート	(社福)こうよう会
	〒244-0003 横浜市戸塚区戸塚町4111　吉原ビル2階	045-869-2323
	障害者就業・生活支援センター ぽむ	(社福)県央福祉会
	〒243-0401 海老名市東柏ヶ谷3-5-1　ウエルストーン相模野103	046-232-2444
	湘南障害者就業・生活支援センター	(社福)電機神奈川福祉センター
	〒251-0041 藤沢市辻堂神台1-3-39　タカギビル4階	0466-30-1077
	川崎障害者就業・生活支援センター	(社福)電機神奈川福祉センター
	〒211-0063 川崎市中原区小杉町3-264-3富士通ユニオンビル3階	044-739-1294
	相模原障害者就業・生活支援センター	(社福)相模原市社会福祉事業団
	〒252-0223 相模原市中央区松が丘1-23-1	042-758-2121
新潟県	障がい者就業・生活支援センター こしじ	(社福)中越福祉会
	〒949-5411 長岡市来迎寺1864	0258-92-5163
	障がい者就業・生活支援センター ハート	(社福)県央福祉会
	〒955-0845 三条市西本成寺1-28-8	0256-35-0860

都道府県	センター名	運営法人
	所在地	電話番号
新潟県	障がい者就業・生活支援センター　アシスト	(社福)のぞみの家福祉会
	〒957-0053 新発田市中央町3-1-1	0254-23-1987
	障がい者就業・生活支援センター　さくら	(社福)さくら園
	〒943-0892 上越市寺町2-20-1　上越市福祉交流プラザ内	025-538-9087
	障がい者就業・生活支援センター　らいふあっぷ	(社福)更生慈仁会
	〒950-2076 新潟市西区上新栄町3-20-18	025-250-0210
	障がい者就業・生活支援センター　あおぞら	(社福)十日町福祉会
	〒948-0054 十日町市高山1360-2	025-752-4486
	障がい者就業・生活支援センター　そよかぜ	(社福)佐渡福祉会
	〒952-1209 佐渡市千種丙205番地2	0259-67-7740
富山県	富山障害者就業・生活支援センター	(社福)セーナー苑
	〒939-2298 富山市坂本3110　社会福祉法人セーナー苑内	076-467-5093
	高岡障害者就業・生活支援センター	(社福)たかおか万葉福祉会かたかご苑
	〒933-0935 高岡市博労本町4-1　高岡市ふれあい福祉センター2階	0766-26-4566
	新川障害者就業・生活支援センター	(社福)新川むつみ園
	〒939-0633 下新川郡入善町浦山新2208	0765-78-1140
	砺波障害者就業・生活支援センター	(社福)渓明会
	〒939-1386 砺波市幸町1-7　富山県砺波総合庁舎内1階	0763-33-1552
石川県	金沢障害者就業・生活支援センター	(社福)金沢市社会福祉協議会
	〒920-0864 金沢市高岡町7-25　金沢市松ヶ枝福祉館内	076-231-3571
	こまつ障害者就業・生活支援センター	(社福)こまつ育成会
	〒923-0942 小松市桜木町96-2	0761-48-5780
	さいこうえん障害者就業・生活支援センター	(社福)徳充会
	〒926-0045 七尾市袖ヶ江町14-1	0767-52-0517
福井県	福井障害者就業・生活支援センター　ふっとわーく	(社福)ふくい福祉事業団
	〒910-0026 福井市光陽2-3-22　福井県社会福祉センター内	0776-97-5361
	嶺南障害者就業・生活支援センター　ひびき	(社福)敦賀市社会福祉事業団
	〒914-0063 敦賀市神楽町1-3-20	0770-20-1236
山梨県	障害者就業・生活支援センター　陽だまり	(社福)八ヶ岳名水会
	〒408-0021 北杜市長坂町長坂上条2233　北杜市障害者総合支援センター内	0551-45-9901
	すみよし障がい者就業・生活支援センター	(財)住吉偕成会
	〒400-0851 甲府市住吉4-11-5	055-221-2133
	障がい者就業・生活支援センター　コピット	(社福)ぶどうの里
	〒404-0042 甲州市塩山上於曽933-1	0553-39-8181
	障がい者就業・生活支援センター　ありす	(社福)ありんこ
	〒403-0017 富士吉田市新西原3-4-20	0555-30-0505
長野県	上小地域障害者就業・生活支援センター　SHAKE	(社福)かりがね福祉会
	〒386-0012 上田市中央3-5-1　上田市ふれあい福祉センター2階	0268-27-2039

都道府県	センター名	運営法人
	所在地	電話番号
長野県	松本圏域障害者就業・生活支援センター　あるぷ	(社福)安曇野福祉協会
	〒399-8205 安曇野市豊科5712-1	0263-73-4664
	長野圏域障害者就業・生活支援センター　ウィズ	(社福)ともいき会
	〒380-0935 長野市中御所3-2-1　カネカビル1階	026-214-3737
	飯伊圏域障害者就業・生活支援センター　ほっとすまいる	(NPO)飯伊圏域障害者総合支援センター
	〒395-0024 飯田市東栄町3108-1　さんとぴあ飯田1階	0265-24-3182
	佐久圏域障害者就業・生活支援センター　ほーぷ	(社福)佐久コスモス福祉会
	〒385-0022 佐久市岩村田1880-4	0267-66-3563
	上伊那圏域障害者就業・生活支援センター　きらりあ	(社福)長野県社会福祉事業団
	〒396-0023 伊那市山寺298-1	0265-74-5627
	北信圏域障害者就業・生活支援センター　ぱれっと	(社福)高水福祉会
	〒389-2254 飯山市南町19-8　雁木ぷらざ内	0269-62-1344
	諏訪圏域障害者就業・生活支援センター　すわーくらいふ	(社福)清明会
	〒392-0027 諏訪市湖岸通り5-18-23	0266-54-7013
	大北圏域障害者就業・生活支援センター スクラムネット	(社福)信濃の郷
	〒398-0002 大町市大字大町1129　大町総合福祉センター内	0261-26-3855
	木曽圏域障害者就業・生活支援センター　ともに	(社福)木曽社会福祉事業協会
	〒399-5607 木曽郡上松町大字小川1702　ひのきの里総合福祉センター内	0264-52-2494
岐阜県	岐阜障害者就業・生活支援センター	(社福)岐阜市社会福祉事業団
	〒500-8876 岐阜市日ノ出町2-5-2　ハヤシビル2階	058-266-4757
	ひだ障がい者就業・生活支援センター　ぷりずむ	(社福)飛騨慈光会
	〒506-0025 高山市天満町4-64-8　第1ビル1F	0577-32-8736
	ひまわりの丘障害者就業・生活支援センター	(社福)岐阜県福祉事業団
	〒501-3938 関市桐ヶ丘3-2	0575-24-5880
	西濃障がい者就業・生活支援センター	(社福)あゆみの家
	〒503-2123 不破郡垂井町栗原2066-2	0584-22-5861
	東濃障がい者就業・生活支援センター　サテライトt	(社福)陶技学園
	〒507-0073 多治見市小泉町2-93 ルミナス小泉102	0572-26-9721
静岡県	静岡中東遠障害者就業・生活支援センター　ラック	(社福)明和会
	〒437-0062 袋井市泉町2-10-13	0538-43-0826
	障害者就業・生活支援センター　だんだん	医療法人社団　至空会
	〒433-8101 浜松市北区三幸町201-4	050-3386-8213
	障害者就業・生活支援センター　ひまわり	(社福)あしたか太陽の丘
	〒410-0312 沼津市原1418-46	055-968-1120
	富士障害者就業・生活支援センター　チャレンジ	(社福)誠信会
	〒417-0847 富士市比奈1471-2	0545-39-2702
	障害者就業・生活支援センター　ぱれっと	(社福)ハルモニア
	〒426-0061 藤枝市田沼1-18-2	054-631-7272

都道府県	センター名	運営法人
	所在地	電話番号
静岡県	障害者就業・生活支援センター　さつき	（社福）明光会
	〒421-1211 静岡市葵区慈悲尾180	054-277-3019
	障害者就業・生活支援センター　おおむろ	（社福）城ヶ崎いこいの里
	〒413-0232 伊東市八幡野1259-21	0557-53-5501
	賀茂障害者就業・生活支援センター・わ	（社福）覆育会
	〒415-0035 下田市東本郷1-7-21	0558-22-5715
愛知県	豊橋障害者就業・生活支援センター	（社福）岩崎学園
	〒440-0022 豊橋市岩崎町字長尾119-2	0532-69-1323
	知多地域障害者就業・生活支援センター　ワーク	（社福）愛光園
	〒470-2102 知多郡東浦町緒川寿久茂129	0562-34-6669
	なごや障害者就業・生活支援センター	（社福）共生福祉会
	〒462-0825 名古屋市北区大曽根4-7-28　大曽根原ビル	052-908-1022
	西三河障害者就業・生活支援センター　輪輪	（社福）愛恵協会
	〒444-3511 岡崎市舞木町字山中町121	0564-27-8511
	尾張北部障害者就業・生活支援センター　ようわ	（社福）養楽福祉会
	〒480-0305 春日井市坂下町4-295-1	0568-88-5115
	尾張西部障害者就業・生活支援センター　すろーぷ	（社福）樫の木福祉会
	〒494-0012 一宮市明地字上平35-1	0586-68-6822
	尾張東部障害者就業・生活支援センター　アクト	（社福）ひまわり福祉会
	〒488-0833 尾張旭市東印場町二反田146	0561-54-8677
	西三河北部障がい者就業・生活支援センター	（社福）豊田市福祉事業団
	〒471-0066 豊田市栄町1-7-1	0565-36-2120
	海部障害者就業・生活支援センター	（社福）名古屋ライトハウス
	〒496-0807 津島市天王通り6丁目1番地六三ビル1階102号室	0567-22-3633
	東三河北部障害者就業・生活支援センター　ウィル	（社福）新城福祉会
	〒441-1301 新城市矢部字本並48	0536-24-1313
三重県	四日市障害者就業・生活支援センター　プラウ	（社福）四日市市社会福祉協議会
	〒510-0085 四日市市諏訪町2-2　総合会館2階	059-354-2550
	伊勢志摩障害者就業・生活支援センター　ブレス	（社福）三重済美学院
	〒516-0037 伊勢市岩淵2-4-9	0596-20-6525
	鈴鹿亀山障害者就業・生活支援センター　あい	（社福）和順会
	〒513-0801 鈴鹿市神戸1-18-18　鈴鹿市役所西館2階	059-381-1035
	伊賀圏域障がい者就業・生活支援センター　ジョブサポート　ハオ	（社福）名張育成会
	〒518-0603 名張市西原町2625	0595-65-7710
	障害者就業・生活支援センター　そういん	（医）北勢会
	〒511-0061 桑名市寿町1-11	0594-27-7188
	松阪・多気地域障害者就業・生活支援センター　マーベル	（社福）敬真福祉会
	〒515-0812 松坂市船江町1392-3　松坂ショッピングセンター「マーム」1階	0598-50-5569

都道府県	センター名	運営法人
	所在地	電話番号
三重県	津地域障がい者就業・生活支援センター　ふらっと	(社福)聖マッテヤ会
	〒514-0033 津市丸之内27-10	059-229-1380
滋賀県	障害者雇用・生活支援センター　（甲賀）	(社福)しがらき会
	〒528-8511 甲賀市水口町水口6200	0748-63-5830
	障害者就業・生活支援センター　働き・暮らしコトー支援センター	(社福)ひかり福祉会
	〒522-0054 彦根市西今町87-16　NaSu8-103	0749-21-2245
	おおつ障害者就業・生活支援センター	(NPO)おおつ「障害者の生活と労働」協議会
	〒520-0044 大津市京町3-5-12　森田ビル5階	077-522-5142
	湖西地域障害者就業・生活支援センター	(社福)ゆたか会
	〒520-1632 高島市今津町桜町2-3-11	0740-22-3876
	湖南地域障害者就業・生活支援センター	(社福)あすこみっと
	〒524-0037 守山市梅田町2-1-217　セルバ守山内	077-583-5979
	東近江圏域障害者就業・生活支援センター	(社福)わたむきの里福祉会
	〒523-0015 近江八幡市上田町1288-18　前出産業株式会社2階	0748-36-1299
	湖北地域しょうがい者就業・生活支援センター	(社福)湖北会
	〒526-0063 長浜市末広町6-2　ワイエフビル18　1階	0749-64-5130
京都府	京都障害者就業・生活支援センター	(社福)京都総合福祉協会
	〒606-0846 京都市左京区下鴨北野々神町26　北山ふれあいセンター内	075-702-3725
	障害者就業・生活支援センター　はぴねす	(社福)南山城学園
	〒611-0033 宇治市大久保町北ノ山101-10	0774-41-2661
	障害者就業・生活支援センター　わかば	(社福)みずなぎ学園
	〒625-0014 舞鶴市字鹿原772-1	0773-65-2071
	しょうがい者就業・生活支援センター　あん	(社福)京都ライフサポート協会
	〒619-0204 木津川市山城町上狛前畑12-4	0774-86-5056
	なんたん障害者就業・生活支援センター	(社福)松花苑
	〒621-0042 亀岡市千代川町高野林西ノ畑16-19総合生活支援センターしょうかえん内	0771-24-2181
	しょうがい者就業・生活支援センター　アイリス	(財)長岡記念財団
	〒617-0833 長岡京市神足2-3-1　バンビオ1番館7階701-6	075-952-5180
	障害者就業・生活支援センター　こまち	(社福)よさのうみ福祉会
	〒629-2503 京丹後市大宮町周枳1-1	0772-68-0005
大阪府	大阪市障害者就業・生活支援センター	(社福)大阪市障害者福祉・スポーツ協会
	〒543-0026 大阪市天王寺区東上町4-17　大阪市立中央授産場内	06-6776-7336
	北河内東障害者就業・生活支援センター	(社福)大阪手をつなぐ育成会
	〒574-0036 大東市末広町15-6　支援センターさくら内	072-871-0047
	南河内南障害者就業・生活支援センター	(社福)大阪府障害者福祉事業団
	〒586-0024 河内長野市西之山町2-21	0721-53-6093
	すいた障害者就業・生活支援センター	(社福)ぷくぷく福祉会
	〒564-0031 吹田市元町19-15　丸二ビル102号	06-6317-3749

都道府県	センター名	運営法人
	所在地	電話番号
大阪府	高槻市障害者就業・生活支援センター	(社福)花の会
	〒569-0071 高槻市城北町1-7-16　リーベン城北2階	072-662-4510
	八尾・柏原障害者就業・生活支援センター	(社福)信貴福祉会
	〒581-0853 八尾市楽音寺1-85-1	072-940-1215
	とよなか障害者就業・生活支援センター	(NPO)豊中市障害者就労雇用支援センター
	〒561-0872 豊中市寺内1-1-10　ローズコミュニティ緑地1階	06-4866-7100
	東大阪市障害者就業・生活支援センター	(社福)東大阪市社会福祉事業団
	〒577-0054 東大阪市高井田元町1-2-13	06-6789-0374
	南河内北障害者就業・生活支援センター	(社福)ふたかみ福祉会
	〒583-0856 羽曳野市白鳥3-16-3　セシル古市103	072-957-7021
	枚方市障害者就業・生活支援センター	(社福)であい共生舎
	〒573-8666 枚方市大垣内町2-1-20　枚方市役所別館1階	090-2064-2188
	寝屋川市障害者就業・生活支援センター	(社福)光輝会
	〒572-0832 寝屋川市本町1-2	072-822-0502
	泉州中障害者就業・生活支援センター	(NPO)あいむ
	〒597-0072 貝塚市畠中1-3-10	072-422-3322
	茨木・摂津障害者就業・生活支援センター	(社福)摂津市社会福祉事業団
	〒566-0034 摂津市香露園34-1　摂津市障害者総合支援センター内	072-664-0321
	北河内西障害者就業・生活支援センター	(社福)明日葉
	〒570-0081 守口市日吉町1-2-12　守口市身体障害者・高齢者交流会館4階	06-6994-3988
	泉州北障害者就業・生活支援センター	(NPO)チャレンジド・ネットいずみ
	〒594-0071 和泉市府中町1-8-3　和泉ショッピングセンター2階	0725-26-0222
	泉州南障害者就業・生活支援センター	(NPO)障害者自立支援センター　ほっぷ
	〒598-0062 泉佐野市下瓦屋222-1　北部市民交流センター本館	072-463-7867
	豊能北障害者就業・生活支援センター	(一般財団法人)箕面市障害者事業団
	〒562-0015 箕面市稲1-11-2　ふれあい就労支援センター3階	072-723-8801
	堺市障害者就業・生活支援センター	(NPO)堺市障害者就労促進協会
	〒590-0141 堺市堺区旭ヶ丘中町4-3-1　健康福祉プラザ4階	072-275-8162
兵庫県	加古川障害者就業・生活支援センター	(社福)加古川はぐるま福祉会
	〒675-0002 加古川市山手1-11-10	079-438-8728
	神戸障害者就業・生活支援センター	(社福)神戸聖隷福祉事業団
	〒652-0897 神戸市兵庫区駅南通5-1-1	078-672-6480
	西播磨障害者就業・生活支援センター	(社福)兵庫県社会福祉事業団
	〒678-0252 赤穂市大津1327　赤穂精華園内	0791-43-2091
	淡路障害者就業・生活支援センター	(社福)兵庫県社会福祉事業団
	〒656-1331 洲本市五色町都志大日707	0799-33-1192
	姫路障害者就業・生活支援センター	(社福)姫路市社会福祉事業団
	〒670-0074 姫路市御立西5-6-26　職業自立センターひめじ内	079-291-6504

都道府県	センター名	運営法人
	所在地	電話番号
兵庫県	丹波障害者就業・生活支援センター	(社福)わかたけ福祉会
	〒669-2314 篠山市東沢田240-1	079-554-1566
	北播磨障害者就業・生活支援センター	(社福)兵庫県社会福祉事業団
	〒673-0534 三木市緑が丘町本町2-3	0794-84-1018
	阪神北障害者就業・生活支援センター	(社福)いたみ杉の子
	〒664-0006 伊丹市鴻池1-10-15	072-777-7471
	阪神南障害者就業・生活支援センター	(社福)三田谷治療教育院
	〒659-0051 芦屋市呉川町14-9　芦屋市保健福祉センター1階	0797-22-5085
	但馬障害者就業・生活支援センター	(社福)とよおか福祉会
	〒668-0044 豊岡市山王町9-2　NTT但馬ビル1階	0796-24-8655
奈良県	なら障害者就業・生活支援センター　コンパス	(社福)寧楽ゆいの会
	〒630-8115 奈良市大宮町3-5-39 やまと建設第3ビル302	0742-32-5512
	なら東和障害者就業・生活支援センター　たいよう	(社福)大和会
	〒633-0091 桜井市桜井232　ヤガビル3階302号室	0744-43-4404
	なら西和障害者就業・生活支援センター　ライク	(社福)萌
	〒636-0802 生駒郡三郷町三室1-10-19	0745-51-2001
	なら中和障害者就業・生活支援センター　ブリッジ	(社福)奈良県手をつなぐ育成会
	〒634-0812 橿原市今井町2-9-19	0744-23-7176
	なら南和障害者就業・生活支援センター　ハローJOB	(社福)せせらぎ会
	〒638-0821 吉野郡大淀町下淵158-9	0747-54-5511
和歌山県	紀南障害者就業・生活支援センター	(社福)やおき福祉会
	〒646-0061 田辺市上の山2-23-52	0739-26-8830
	障害者就業・生活支援センター　つれもて	(社福)一麦会
	〒640-8123 和歌山市三沢町3-40	073-427-8149
	紀中障害者就業・生活支援センター　わーくねっと	(社福)太陽福祉会
	〒644-0011 御坊市湯川町財部726-9	0738-23-1955
	東牟婁圏域障害者就業・生活支援センター　あーち	(社福)和歌山県福祉事業団
	〒647-0041 新宮市野田1-8	0735-21-7113
	伊都障がい者就業・生活支援センター	(社福)筍憩会
	〒648-0074 橋本市野5-1	0736-32-8246
	岩出紀の川障害者就業・生活支援センター　フロンティア	(社福)きのかわ福祉会
	〒649-6226 岩出市宮71-1　パストラルビル1階	0736-61-6300
	海草圏域障害者就業・生活支援センター　るーと	(社福)和歌山県福祉事業団
	〒642-0032 海南市名高449	073-483-5152
鳥取県	障害者就業・生活支援センター　しらはま	(社福)鳥取県厚生事業団
	〒689-0201 鳥取市伏野2259-17	0857-59-6060
	障害者就業・生活支援センター　くらよし	(社福)鳥取県厚生事業団
	〒682-0806 倉吉市昭和町1-156	0858-23-8448

都道府県	センター名	運営法人
	所在地	電話番号
鳥取県	障害者就業・生活支援センター　しゅーと	(社福)あしーど
	〒683-0064 米子市道笑町2-126-4　稲田地所第5ビル1階	0859-37-2140
島根県	浜田障害者就業・生活支援センター　レント	(社福)いわみ福祉会
	〒697-0027 浜田市殿町75-8	0855-22-4141
	出雲障がい者就業・生活支援センター　リーフ	(社福)親和会
	〒693-0001 出雲市今市町北本町1-1-3　セントラルビル3階	0853-27-9001
	松江障害者就業・生活支援センター　ぷらす	(社福)桑友
	〒690-0852 松江市千鳥町70　松江市総合福祉センター3F	0852-60-1870
	益田障がい者就業・生活支援センター　エスポア	(社福)希望の里福祉会
	〒698-0003 益田市乙吉町イ336-4　インペリアルビル1階	0856-23-7218
	雲南障害者就業・生活支援センター　アーチ	(社福)雲南広域福祉会
	〒699-1333 雲南市木次町下熊谷1259-1	0854-42-8022
	大田障害者就業・生活支援センター　ジョブ亀の子	(社福)亀の子
	〒694-0041 大田市長久町長久口267-6	0854-84-0271
岡山県	岡山障害者就業・生活支援センター	(社福)旭川荘
	〒701-2155 岡山市北区中原664-1先	086-275-5697
	倉敷障がい者就業・生活支援センター	(社福)倉敷市総合福祉事業団
	〒710-0834 倉敷市笹沖180	086-434-9886
	津山障害者就業・生活支援センター	(社福)津山社会福祉事業会
	〒708-0841 津山市川崎1554	0868-21-8830
広島県	みどりの町障害者就業・生活支援センター	(社福)みどりの町
	〒729-1322 三原市大和町箱川1470-2	0847-34-1375
	東部地域障害者就業・生活支援センター	(社福)静和会
	〒726-0011 府中市広谷町959番地の1　福祉交流館パレットせいわ2F	0847-46-2636
	広島中央障害者就業・生活支援センター	(社福)つつじ
	〒739-0133 東広島市八本松町米満461	082-497-0701
	広島障害者就業・生活支援センター	(社)広島県手をつなぐ育成会
	〒733-0011 広島市西区横川町2丁目5-6メゾン寿々屋201号	082-297-5011
	呉安芸地域障害者就業・生活支援センター	(社)広島県就労振興センター
	〒737-0051 呉市中央5-12-21 呉市福祉会館2階	0823-25-8870
	広島西障がい者就業・生活支援センターもみじ	(医)ハートフル
	〒738-8512 廿日市市新宮1-13-1 あいプラザ3F	0829-20-1227
	備北障害者就業・生活支援センター	(社)備北地域生活支援協会
	〒728-0013 三次市十日市東3-14-25	0824-63-1896
山口県	光栄会障害者就業・生活支援センター	(社福)光栄会
	〒755-0072 宇部市中村3-10-44	0836-39-5357
	なごみの里障害者就業・生活支援センター	(社福)下関市民生事業助成会
	〒759-6602 下関市大字蒲生野字横田250	080-6336-0270

都道府県	センター名	運営法人
	所在地	電話番号
山口県	鳴滝園障害者就業・生活支援センター	（社福）ほおの木会
	〒753-0212 山口市下小鯖2287-1	083-902-7117
	障害者就業・生活支援センター　蓮華	（社福）ビタ・フェリーチェ
	〒740-0018 岩国市麻里布町2-3-10　1階	0827-28-0021
	障害者就業・生活支援センター　ワークス周南	（社福）大和福祉会
	〒745-0801 周南市大字久米716-4	0834-39-3700
	ふたば園就業・生活支援センター	（社福）ふたば園
	〒758-0025 萩市土原565-5	0838-21-7066
徳島県	障害者就業・生活支援センター　わーくわく	（社福）愛育会
	〒771-0214 板野郡松茂町満穂字満穂開拓50-5	088-699-7523
	障害者就業・生活支援センター　箸蔵山荘	（社福）池田博愛会
	〒778-0020 三好市池田町州津井関1121-1	0883-72-2444
	障害者就業・生活支援センター　よりそい	（社福）柏涛会
	〒779-1235 阿南市那賀川町苅屋25	0884-42-0999
香川県	障害者就業・生活支援センター　共生	（社福）恵愛福祉事業団
	〒769-2702 東かがわ市松原1331-5	0879-24-3701
	障害者就業・生活支援センター　オリーブ	（社福）香川県手をつなぐ育成会
	〒761-8058 高松市勅使町398-18	087-816-4649
	障害者就業・生活支援センター　くばら	医療法人社団　三愛会
	〒763-0073 丸亀市柞原町189-1	0877-64-6010
	障害者就業・生活支援センター　つばさ	（社福）三豊広域福祉会
	〒768-0014 観音寺市流岡町750-1	0875-23-2070
愛媛県	えひめ障害者就業・生活支援センター	（社福）愛媛県社会福祉事業団
	〒790-0843 松山市道後町2-12-11　愛媛県身体障害者福祉センター内	089-917-8516
	障害者就業・生活支援センター　あみ	（社福）来島会
	〒794-0028 今治市北宝来町2-2-12	0898-34-8811
	南予圏域障害者就業・生活支援センター　きら	（財）正光会
	〒798-0039 宇和島市大宮町3-2-10	0895-22-0377
	障害者就業・生活支援センター　エール	（社福）わかば会
	〒792-0013 新居浜市泉池町8-40	0897-32-5630
	八幡浜・大洲圏域障がい者就業・生活支援センターねっとWorkジョイ	（医）青峰会
	〒796-8010 八幡浜市五反田1番耕地106番地	0894-22-4188
	障害者就業・生活支援センタージョブあしすとUMA	（社福）澄心
	〒799-0404 四国中央市三島宮川4-6-55　伊予三島商工会館1階	0896-23-6558
高知県	障害者就業・生活支援センター　ラポール	（社福）高知県知的障害者育成会
	〒787-0010 四万十市古津賀1409	0880-34-6673
	高知障害者就業・生活支援センター　シャイン	（社福）太陽福祉会
	〒780-0935 高知市旭町2-21-6	088-822-7119

都道府県	センター名	運営法人
	所在地	電話番号
高知県	障害者就業・生活支援センター　ゆうあい	(社福)高知県知的障害者育成会
	〒783-0005 南国市大埆乙2305	088-854-9111
	障害者就業・生活支援センター　ポラリス	(社福)安芸市身体障害者福祉会
	〒784-0027 安芸市宝永町489-3	0887-34-3739
	障害者就業・生活支援センター　きりま	(社福)須崎育成協会
	〒785-0059 須崎市桐間西46	0889-40-3988
福岡県	北九州障害者就業・生活支援センター	(社福)北九州市手をつなぐ育成会
	〒804-0067 北九州市戸畑区汐井町1-6　ウェルとばた2階	093-871-0030
	障害者就業・生活支援センター　デュナミス	(社福)上横山保育会
	〒834-0115 八女郡広川町大字新代1110　グランセラーノA・B号	0943-32-4477
	福岡県央障害者就業・生活支援センター	(社福)鞍手ゆたか福祉会
	〒822-0024 直方市須崎町16-19	0949-22-3645
	障害者就業・生活支援センター　野の花	(社福)野の花学園
	〒810-0044 福岡市中央区六本松1-2-22福岡県社会福祉センター1階	092-713-0050
	障害者就業・生活支援センター　じゃんぷ	(社福)豊徳会
	〒825-0004 田川市大字夏吉4205-3	0947-23-1150
	障害者就業・生活支援センター　ほっとかん	(NPO)大牟田市障害者協議会
	〒836-0041 大牟田市新栄町16-11-1	0944-57-7161
	障害者就業・生活支援センター　ちどり	(社福)福岡コロニー
	〒811-3115 古賀市久保1343-3	092-940-1212
	障害者就業・生活支援センター　ちくし	(社福)自遊学舎
	〒816-0811 春日市春日公園5-16　コーポ220-1-1	092-592-7789
	障害者就業・生活支援センター　はまゆう	(社福)さつき会
	〒811-3431 宗像市田熊5-5-1	0940-34-8200
	障害者就業・生活支援センター　ちくぜん	(社福)野の花学園
	〒838-0214 朝倉郡筑前町東小田3539-10	0946-42-6801
	障害者就業・生活支援センター　ぽるて	(NPO)久障支援運営委員会
	〒830-0033 久留米市天神101-1　Mビル1階	0942-65-8367
	障害者就業・生活支援センター　BASARA	(NPO)嘉飯山ネット BASARA
	〒820-0040 飯塚市吉原町6-1　あいタウン4階	0948-23-5560
	障害者就業・生活支援センター　エール	(社福)みぎわ会
	〒824-0036 行橋市南泉2-50-1	0930-25-7511
佐賀県	たちばな会障害者就業・生活支援センター	(社福)たちばな会
	〒849-1422 嬉野市塩田町大字谷所甲1388たちばな学園内	0954-66-9093
	社会福祉法人若楠障害者就業・生活支援センターもしもしネット	(社福)若楠
	〒841-0005 鳥栖市弥生が丘2-134若楠療育園第一管理棟1階	0942-87-8976
	障害者就業・生活支援センター　ワーカーズ・佐賀	(NPO)ステップ・ワーカーズ
	〒849-0937 佐賀市鍋島3-3-20	0952-36-9081

都道府県	センター名	運営法人
	所在地	電話番号
佐賀県	障害者就業・生活支援センター　RuRi	(社福)東方会
	〒848-0035 伊万里市二里町大里乙403-1	0955-22-6600
長崎県	長崎障害者就業・生活支援センター	(社福)南高愛隣会
	〒854-0022 諫早市幸町2-18	0957-35-4887
	長崎県北地域障害者就業・生活支援センター	(社福)民生会
	〒857-0322 北松浦郡佐々町松瀬免109-2	0956-62-3844
	障害者就業・生活支援センター　ながさき	(社福)ゆうわ会
	〒852-8555 長崎市茂里町3-24　長崎県総合福祉センター3階	095-865-9790
	障害者就業・生活支援センター　けんなん	(社福)南高愛隣会
	〒855-0045 島原市上の町534-2	0957-65-5002
熊本県	熊本障害者就業・生活支援センター	(社福)慶信会
	〒862-0971 熊本市中央区大江5-15-7八木ビル1-A	096-288-0500
	熊本県南部障害者就業・生活支援センター　結	(社福)慶信会
	〒866-0898 八代市古閑中町3036	0965-35-3313
	熊本県北部障害者就業・生活支援センター　がまだす	(社福)菊愛会
	〒861-1331 菊池市隈府469-10　総合センターコムサール2階	0968-25-1899
	熊本県有明障害者就業・生活支援センター　きずな	(医)信和会
	〒865-0064 玉名市中46-4	0968-71-0071
	熊本県天草障害者就業・生活支援センター	(社福)弘仁会
	〒863-0013 天草市今釜新町3667	0969-66-9866
大分県	障害者就業・生活支援センター　大分プラザ	(社福)博愛会
	〒870-0029 大分市高砂町2-50　オアシスひろば21　3階	097-514-3300
	障害者就業・生活支援センター　サポートネットすまいる	(社福)大分県社会福祉事業団
	〒879-0471 宇佐市大字四日市1574-1	0978-32-1154
	障害者就業・生活支援センター　はぎの	(社福)大分県社会福祉事業団
	〒877-0012 日田市淡窓1-68-3	0973-24-2451
	豊肥地区就業・生活支援センター　つばさ	(社福)紫雲会
	〒879-7111 豊後大野市三重町赤嶺1927-1	0974-22-0313
	障害者就業・支援センター　たいよう	(社福)太陽の家
	〒874-0011 別府市大字内竃1393-2	0977-66-0080
	障害者就業・生活支援センター　じゃんぷ	(社福)大分県社会福祉事業団
	〒876-0831 佐伯市大手町3-2-6	0972-28-5570
宮崎県	みやざき障害者就業・生活支援センター	(社福)宮崎県社会福祉事業団
	〒880-0930 宮崎市花山手東3-25-2　宮崎市総合福祉保健センター内	0985-63-1337
	のべおか障害者就業・生活支援センター	(社福)高和会
	〒882-0836 延岡市恒富町3-6-5	0982-20-5283
	こばやし障害者就業・生活支援センター	(社福)燦燦会
	〒886-0008 小林市本町32	0984-22-2539

都道府県	センター名	運営法人
	所在地	電話番号
宮崎県	みやこのじょう障害者就業・生活支援センター	(NPO)キャンバスの会
	〒885-0071 都城市中町1-7　IT産業ビル1階	0986-22-9991
	ひゅうが障害者就業・生活支援センター	(社福)浩和会
	〒883-0021 日向市大字財光寺515-1	0982-57-3007
	にちなん障害者就業・生活支援センター	(社福)にちなん会
	〒887-0021 日南市中央通2-5-10	0987-22-2786
	たかなべ障害者就業・生活支援センター	(社福)光陽会
	〒884-0002 児湯郡高鍋町大字北高鍋1091-1　高鍋電化センタービル1階	0983-32-0035
鹿児島県	かごしま障害者就業・生活支援センター	(社福)鹿児島県社会福祉事業団
	〒899-2503 日置市伊集院町妙円寺1-1-1	099-272-5756
	おおすみ障害者就業・生活支援センター	(社福)天上会
	〒893-0006 鹿屋市向江町29-2 鹿屋市社会福祉会館内	0994-35-0811
	あいらいさ障害者就業・生活支援センター	(社福)真奉会
	〒899-4332 霧島市国分中央1-3-9　馬場ビル1階	0995-44-7111
	あまみ障害者就業・生活支援センター	(社福)三環舎
	〒894-0036 奄美市名瀬長浜町5番6号　奄美市社会福祉センター内	0997-69-3673
沖縄県	障害者就業・生活支援センター　ティーダ＆チムチム	(社福)名護学院
	〒905-0009 名護市宇茂佐の森1-17-9	0980-54-8181
	中部地区障害者就業・生活支援センター	(社福)新栄会
	〒904-0033 沖縄市山里2-1-1	098-931-1716
	南部地区障がい者就業・生活支援センター　かるにあ	(社福)若竹福祉会
	〒901-2102 浦添市前田1004-9　2階	098-871-3456
	障害者就業・生活支援センター　みやこ	(社福)みやこ福祉会
	〒906-0013 宮古島市平良字下里1202-8　1階	0980-79-0451
	八重山地区障害者就業・生活支援センター　どりいむ	(社福)わしの里
	〒907-0002 石垣市真栄里97-4　コンフォート真栄里1階	0980-87-0761

障害者雇用職場改善好事例の応募事業所一覧

平成23年度の障害者雇用職場改善好事例集において、発達障害者の雇用促進と職場定着をテーマに募集したところ、全国75事業所からの応募がありました（用語解説参照）。応募事業所は以下のとおりです。

	事業所名	都道府県
1	郵便局株式会社　北海道支社	北海道
2	株式会社大創産業	青森県
3	ドラゴンキューブ株式会社　ゲーム倉庫八戸城下店	青森県
4	いわて生活協同組合	岩手県
5	仙台ターミナルビル株式会社	宮城県
6	株式会社マルエーうちや　ジェイマルエー旭南店	秋田県
7	芳賀セメント工業株式会社	山形県
8	学校法人熊田学園	福島県
9	独立行政法人産業技術総合研究所	茨城県
10	レンゴー株式会社　小山工場	栃木県
11	株式会社シンフォニア東武	埼玉県
12	株式会社マルイキットセンター	埼玉県
13	埼玉福興株式会社	埼玉県
14	宇部興産株式会社　有機機能材料研究所	千葉県
15	SMBCグリーンサービス株式会社　多摩営業所	東京都
16	株式会社インテリジェンス・ベネフィクス	東京都
17	株式会社トランスコスモス・アシスト	東京都
18	株式会社　良品計画	東京都
19	サノフィ・アベンティス株式会社	東京都
20	第一生命チャレンジド株式会社	東京都
21	大東コーポレートサービス株式会社	東京都
22	東京海上ビジネスサポート株式会社大阪支社	東京都
23	トーマツチャレンジド株式会社	東京都
24	日本ビルコン株式会社	東京都
25	富国生命保険相互会社	東京都
26	リゾートトラスト株式会社　東京本社　事務支援センター	東京都
27	住友重機械マリンエンジニアリング株式会社	神奈川県
28	ハーベスト株式会社FS事業部湘南工場	神奈川県
29	富士ソフト企画株式会社	神奈川県
30	新潟ワコール縫製株式会社	新潟県
31	社会福祉法人清寿会　特別養護老人ホーム清寿荘	富山県
32	北陸綜合警備保障株式会社	石川県

	事業所名	都道府県
33	アクサ損害保険株式会社	福井県
34	株式会社新鮮館ふくい　ハニー新鮮館みのり	福井県
35	郵便事業株式会社　丸岡支店　春江集配センター	福井県
36	株式会社柿の木農場	長野県
37	ジーユー松本店	長野県
38	日本年金機構　岐阜南年金事務所	岐阜県
39	トリンプスタッフサービス株式会社	静岡県
40	株式会社ユタカ技研	静岡県
41	株式会社ナツメ	愛知県
42	協発工業株式会社	愛知県
43	東京海上ビジネスサポート株式会社　名古屋支社	愛知県
44	イオンリテール株式会社　イオンワンダーシティ店	愛知県
45	株式会社三重データクラフト	三重県
46	特定非営利活動法人　障害者就労支援事業所　京都フォーライフ	京都府
47	高見株式会社	京都府
48	社会福祉法人同和園	京都府
49	株式会社堀場製作所	京都府
50	オムロン京都太陽株式会社	京都府
51	児童デイサービス　スキップ	大阪府
52	株式会社ワールドビジネスサポート	兵庫県
53	株式会社紀和鋳造	奈良県
54	マルハン和歌山湊店	和歌山県
55	サンライズ工業株式会社	鳥取県
56	有限会社サンインマルイ	鳥取県
57	株式会社ツーウェイシステム　鳥取プロスペリティセンター	鳥取県
58	島根島津株式会社	島根県
59	パナソニック吉備株式会社	岡山県
60	株式会社ダックス四国　福山工場	広島県
61	株式会社　もりじょう	広島県
62	昭和抵抗器株式会社	山口県
63	株式会社テレコメディア　徳島コールセンター	徳島県
64	富士ゼロックス四国株式会社	香川県
65	日本食研スマイルパートナーズ株式会社	愛媛県
66	日本年金機構　福岡事務センター	福岡県
67	株式会社イワタダイナース	福岡県
68	昭栄化学工業株式会社	佐賀県
69	エム・シー・ヘルスケア株式会社	長崎県
70	株式会社せいわ介護デイサービス刈草3丁目	熊本県
71	有限会社サンキューアート	大分県
72	社会福祉法人宮崎県社会福祉事業団　知的障害児施設ひまわり園	宮崎県
73	株式会社竹之下	鹿児島県
74	株式会社　葉正堂	沖縄県
75	株式会社ジーマック	沖縄県

おわりに

　本書では，発達障害の人たちを雇用している企業側の視点で，工夫されたさまざまな支援の内容を紹介しました。どの会社も発達障害の人の能力をうまく引き出し，その特性に応じた素晴らしい支援をなさっています。このような企業の発達障害者雇用に関する支援のあり方は，今後新たに発達障害の人たちを雇用しようと検討している他の多くの企業にとって，きわめて役に立つ参考資料となるのではないでしょうか。

　発達障害の人たちは，知的障害を重複している自閉症者，知的に障害のないアスペルガー症候群やLD，ADHDなど，その人によって能力や特性にバラツキがあります。知的障害を重複している場合は，特別支援学校を卒業後の就職を考えている人たちがいるでしょうし，知的な障害のない発達障害の人たちは一般の高校や大学を経て，就職を希望している人もいるでしょう。

　また，就労移行支援事業所や継続支援事業所に在籍している人，障害者職業センター，障害者就業・生活支援センター，発達障害者支援センター，若者サポートステーション等の援助を受けながら就職を目指している人たちもいることでしょう。このような教育機関や就労支援機関にとっても本書は有効なマニュアルとなるものと思います。

　さらに，発達障害のある当事者やその家族の方にとっても，今後の進路を考えていく上で何をしなければならないかを教えてくれる指針となればと考えています。

　2013年度からの障害者雇用率2％時代を迎えるにあたり，ますます発達障害者の雇用が進んでいくものと思われますが，発達障害の人たちにはどのような職種，職務が適しており，またどのような支援が必要かは個々の発達障害の人によって異なります。今回紹介させていただいた企業は，そのことをふまえそれぞれ独自の工夫をなさって，発達障害の人の特性とうまくマッチングされ

た職務配置をされています。

　本書によって，障害者雇用を検討している企業，あるいは就労支援機関においても効果的に支援が進むようになれば，筆者にとってこれ以上嬉しいことはありません。

　今後，ますます発達障害の人たちの雇用が拡大し，発達障害の人たちの能力が十分に発揮されることを願っております。

平成24年8月　梅永　雄二

[著者略歴]

梅永　雄二（うめなが・ゆうじ）

昭和60年4月	筑波大学大学院修士課程教育研究科入学
昭和62年3月	筑波大学修士課程教育研究科障害児教育専攻修了
平成10年7月	教育学博士取得（筑波大学）
昭和58年4月	雇用促進事業団（現：独立行政法入高齢・障害者雇用支援機構）
	（職名：障害者職業カウンセラー）
昭和58年6月～昭和60年3月	兵庫障害者職業センター
昭和62年4月～平成元年3月	大阪障害者職業センター
平成元年4月～平成4年3月	大阪障害者職業センター南大阪支所
平成4年4月～平成7年3月	東京障害者職業センター
平成7年4月～平成10年3月	障害者職業総合センター（職名：研究員）
平成10年4月～平成12年3月	明星大学人文学部心理・教育学科専任講師
平成12年4月～平成15年3月	明星大学人文学部心理・教育学科助教授
平成15年4月～現在に至る	宇都宮大学教育学部障害児教育専攻 教授

[著訳書]

「自閉症児者の職業リハビリテーションに関する研究」風間書房（著）1999,「LDの人の就労ハンドブック」筒井書房（著）2002,「自閉症の自立をめざして～ノースカロライナのTEACCHプログラムに学ぶ」北樹出版（著）2007,「LD, ADHD, アスペルガー症候群の進路とサポート」明治図書（著）2008,「大人のアスペルガー症候群」講談社（共著）2008,「アスペルガー症候群　就労支援編」講談社（監修）2009,「大学生の発達障害」講談社（監修）2010,「発達障害者の理解と支援」福村出版（著）2010,「自閉症スペクトラムの移行アセスメントプロフィールTTAP」川島書店（監修）2010,「アスペルガー症候群の人の仕事観」明石書店（監訳）2010,「TEACCHプログラムに学ぶ自閉症の人の社会参加」学研2010

発達障害者の雇用支援ノート
はったつしょうがいしゃ　　こようしえん

2012年9月20日印刷
2012年9月30日発行

編著者　梅永　雄二
発行者　立石　正信

印刷・製本　音羽印刷

発行所　株式会社 金剛出版
〒112-0005　東京都文京区水道1-5-16
電話 03-3815-6661　振替 00120-6-34848

ISBN 978-4-7724-1265-0 C3011　Printed in Japan © 2012

● http://kongoshuppan.co.jp/ ●

発達障害の人の
就労支援ハンドブック
自閉症スペクトラムを中心に
梅永雄二編著

平成17年度に「発達障害者支援法」が施行され,発達障害を持つ人たちが国による包括的な支援の対象となった。

発達障害者の就労支援の方法は個々のニーズによって異なる。彼らは,人間関係が苦手で,自分の思っていることを相手に伝えることに困難を感じている人が多く,また本人が一所懸命やっていても周りの人に勘違いされやすい。

本書では,国内トップクラスの援助者たちが,発達障害の人に対する効果的支援技法をわかりやすく解説します。

定価1,995円

対人援助専門職のための
発達障害者支援ハンドブック
柘植雅義,篁 倫子,大石幸二,松村京子編

多様な専門スキルで発達障害当事者ニーズを充たすために集う「対人援助専門職」。発達障害当事者が健やかに生きるために整備される「発達障害支援ネットワーク」。ふたつの歯車が連動するとき,だれもが愉しく自由に生きていくユニバーサルデザイン社会は実現へと歩みはじめる。

本書で紹介される発達障害学,心理学,行動療法・行動分析学,医学など多彩な専門職種は,発達障害当事者と家族および学校機関と密につながりながら,教師・養護教諭・保護者へのコンサルテーション,授業・学校コンサルテーションを進め,光射す生活環境をしつらえ発達障害当事者をやさしく包む。

定価2,940円

発達障害大学生支援への挑戦
ナラティブ・アプローチとナレッジ・マネジメント
斎藤清二,西村優紀美,吉永崇史著

知的に問題がないにもかかわらず,社会的コミュニケーションに困難を持つ大学生(発達障害大学生)が最近増えているという。こういった背景のなか,富山大学が平成19年度文部科学省「新たな社会的ニーズに対応した学生支援プログラム(学生支援GP)」の選定を受け,独自のプログラムを開始した。このプログラムは社会的コミュニケーションに困難をもつ学生を包括的に支援するプロジェクトとして設計されている。

コミュニケーションに困難を抱えるすべての学生に対して「ナラティブ・アプローチ」「ナレッジ・マネジメント」などの新しい視点,理論,方法論を取り入れ,対話と実践の中から生み出されつつある支援モデルを提案する。

定価3,360円

Ψ 金剛出版 〒112-0005 東京都文京区水道1-5-16 URL http://kongoshuppan.co.jp/
Tel. 03-3815-6661 Fax. 03-3818-6848 e-mail kongo@kongoshuppan.co.jp

(価格は税込(5%)です)